Ensslin Naturführer

Tiere im Wald

Text: Annette Adams

ENSSLIN

Inhalt

4 Vor dem Ausflug
- 6 Die Ausrüstung
- 8 Tageszeit und Wetter
- 10 Unterwegs in den Wald
- 12 Immer auf dem richtigen Weg
- 14 Richtig beobachten

16 Beobachten und entdecken
- 18 Lebensraum Wald
- 22 Jahreszeiten
- 24 Ruhezeit Winter
- 26 Tarnung
- 28 Schmarotzer und Schädlinge
- 30 Gefährdete Tiere
- 32 Vorsicht Gift!
- 34 „Neue" Tiere
- 36 Der Förster hilft
- 38 Wildgehege und Lehrpfade
- 40 Abenteuer Nacht
- 42 Fußspuren und Losung
- 47 Lebenszeichen

50 Spielen und Basteln

- 52 Basteln in der Natur
- 54 Federspiel und Findekästchen
- 56 Spielen in der Natur
- 58 Essen, was die Tiere essen
- 60 Zu Hause basteln
- 62 Tierisches für zu Hause
- 64 Mein persönliches Tierebuch

66 Tiere erkennen

- 68 Im und am Boden
- 70 Regenwurm und Springschwanz
- 72 Schnecke und Ameise
- 74 Auf dem Boden
- 76 Maus und Dachs
- 78 Fuchs und Wildschwein
- 80 In Busch und Baum
- 82 Raupe und Siebenschläfer
- 84 Marder und Specht
- 86 In der Luft
- 88 Zitronenfalter und Fledermaus
- 90 Eichelhäher und Waldkauz

92 Waldwörter/Fachbegriffe
93 Register

Vor dem Ausflug

Ein Wald ist mehr als einfach nur eine Menge Bäume. Ein Wald ist eine eigene Welt, ein spannender Lebensraum, in dem es viel zu entdecken gibt. Vor allem natürlich Tiere: massige und winzig kleine, seltsame und niedliche, altbekannte und fremdartige. Die ganze Familie verwandelt sich in Waldforscher, packt den Rucksack und zieht los – wetten, zum nächsten Wald ist es gar nicht weit?

Die Ausrüstung

Kein Forscher kann erwarten, ohne die passende Ausrüstung Erfolg zu haben. Deshalb ist es wichtig, dass du dich richtig anziehst und die richtigen Dinge mitnimmst. Die folgenden Listen helfen dir, nichts zu vergessen:

Checkliste für Kleidung
Nimm nicht deine besten Sachen, Fleckenrisiko! Wähl etwas Bequemes, sonst kneifen die Jeans beim Kauern und Beobachten.
- ☐ lange, robuste Hose (damit du dir die Beine nicht zerkratzt)
- ☐ T-Shirt
- ☐ Pulli (bei warmem Wetter zur Sicherheit im Rucksack)
- ☐ Jacke oder Weste mit möglichst vielen Taschen, damit du immer alles parat hast
- ☐ feste Schuhe (sonst beißen dich die Ameisen durch die Sandalenriemen)
- ☐ Mütze/Hut
- ☐ Regenjacke (für alle Fälle im Rucksack)
- ☐ für besonders Empfindliche, denn im Wald ist es eigentlich eher kühl und schattig: Sonnenbrille und -milch

Checkliste zum Zurechtfinden im Wald
- ☐ Rucksack
- ☐ Picknick (belegte Brote, Äpfel und etwas zu knabbern)
- ☐ Wasserflasche (ein Liter pro Person, dann muss keiner verdursten und man hat auch noch genug zum Händewaschen oder Experimentieren)
- ☐ Tüte für Abfälle
- ☐ Karte, Maßstab 1 : 25 000
- ☐ Kompass
- ☐ Taschenmesser
- ☐ Wanderstock

Checkliste für Waldforscher
- [ ] Papier und Stifte
- [ ] Foto mit lichtempfindlichem Film (200 ASA)
- [ ] Fernglas
- [ ] Kassettenrekorder mit Mikro zum Aufnehmen
- [ ] Taschenlampe (dimmbar oder zweistufig)
- [ ] Insektendose mit Vergrößerungsdeckel
- [ ] Lupe
- [ ] Pinzette
- [ ] kleine Klarsichttüten mit Gummis, kleine Dosen, Boxen und Behälter für Gesammeltes
- [ ] ein paar Blatt festes Küchenpapier (allzwecknützlich)
- [ ] kleine Schaufel oder Löffel zum Graben
- [ ] Schnur
- [ ] Metermaß
- [ ] Bestimmungsbuch

Extra-Check für Spiele
Sicher hast du Lust, die Experimente und Spiele auszuprobieren, die wir auf den folgenden Seiten vorschlagen. Blättere doch einmal und schreib dir schon vor dem Start auf, was du an Extras dafür mitnehmen musst!

Immer dabei: Erste Hilfe
Wer nicht nur herumsitzt, sondern im Wald Dinge tut, dem kann auch einmal ein kleines Missgeschick passieren: ein Spreißel, ein Schnitt, eine Abschürfung, ein Mückenstich ... Dann ist es gut, wenn man vorgesorgt hat:
- [ ] Desinfektionsmittel
- [ ] Wundcreme
- [ ] ein paar sterile Mullkompressen
- [ ] Pflaster, Leukoplast, kleine Schere
- [ ] Pinzette
- [ ] Insektenschutzmittel
- [ ] kühlendes Gel gegen Juckreiz bei Stichen

Tageszeit und Wetter

Der Wald ist zu jeder Zeit schön – aber auch zu jeder Zeit anders. Morgens, mittags, abends oder nachts entfaltet sich ganz unterschiedliches Leben. Und auch das Wetter beeinflusst die Tiere. Deshalb müsst ihr genau überlegen, was ihr im Wald sehen wollt, und dann euren Ausflug darauf einrichten.

Der Stundenplan der Tiere

Am Morgen ist es besonders schön im Wald. Das Leben erwacht, die Vögel beginnen zu singen, die zarten Schleier des Frühnebels lösen sich auf. Viele Tiere kommen jetzt aus ihrem Bau und gehen auf Futtersuche. Wird es in den Mittagsstunden sehr heiß, ziehen sie sich eher wieder zurück und suchen die Kühle. Abends wird es spannend: Die tagaktiven Tiere sind noch unterwegs, und die ersten nachtaktiven bewegen sich in der Dämmerung. Gerade nachts gibt es viel zu hören und zu erleben, denn keineswegs alle Tiere schlafen, wenn der Mond scheint!

Das Element Wetter

Man sollte immer vorher wissen, welches Wetter einen im Wald erwartet. Das kannst du herausfinden, indem du in der Zeitung nachschlägst, die Wettervorhersage im Fernsehen zu Rate ziehst oder den Wetterdienst anrufst. Deren Tipps helfen dir, das Richtige anzuziehen und einzupacken.

Vorsicht Gewitter!

Sind Gewitter angesagt, sollte man den Ausflug lieber verschieben. Dennoch kann es passieren, dass überraschend eins aufzieht: Drückende Schwüle entwickelt sich, der Himmel wird steingrau und bedrohlich, heftiger Wind rüttelt in den Baumwipfeln. Halte dich dann von einzelnen, hohen Bäumen fern, sie ziehen Blitze an. Hocke dich auf die Fersen, mach dich klein und achte darauf, so wenig wie möglich Bodenberührung zu haben.

Regen ist schön

Regen allein ist kein Grund, zu Hause zu bleiben. Im Gegenteil, ein feuchter Tag im Wald kann besonders schön sein. Zieh eine lange Regenjacke oder ein Cape an, klapp die Kapuze hoch und steig in die Gummistiefel – und genieß es, wie die Tropfen auf dich prasseln, der Wald erdig zu riechen beginnt und sich der Boden unter deinen Füßen verändert. Und schau dich um: Welche Tiere mögen den Regen, und welche nicht?

Tierische Wettervorhersage

Auch Tiere fühlen das Wetter – und geben dir Hinweise, wie es wird. Schönes Wetter ist zu erwarten, wenn nachts die Frösche quaken, die Grillen zirpen und morgens die Schwalben hoch fliegen. Das tun sie, weil ihre Beute, die Mücken, mit dem hohen Luftdruck des schönen Wetters steigt. Wird es schlecht, fällt der Luftdruck, die Mücken fliegen bodennah und damit die jagenden Schwalben auch. Außerdem singen die Vögel dann nur wenig und glätten an ihren Federn, und die Bienen bleiben zu Hause in ihrem Stock.

Unterwegs in den Wald

Der Wald muss nicht erst am Waldrand beginnen – holt ihn euch ins Auto, in den Bus oder ins Zugabteil! Mit ein paar Spielen macht ihr Stimmung und verkürzt euch die Fahrt.

EINMAL DURCHS ALPHABET
Der Erste beginnt bei A und nennt ein Waldtier, das mit diesem Buchstaben beginnt. Der Zweite nimmt das B, der Dritte das C... und so weiter. Schwerer wird es, wenn man den nächsten Durchgang nur mit Vögeln spielt, den nächsten nur mit Insekten oder Säugetieren.

QUIZ RUND UM DIE WALDWÖRTER

Im Lebensraum Wald gibt eine Menge Fachbegriffe, die man erst einmal kennen muss. Fragt euch gegenseitig: Was bedeutet Äsung, Ricke, Rauschzeit, Gewölle, Konifere, Losung, Parasit, Trittsiegel, Bache, Fähe, Heger, Hauer, Bast, Balz, Kitz, Harz, Humus, Kobel, Gestüber, Keiler, Brunft, Borke, Geschmeiß, Frischling, Stubbe und Keiler? Die Bedeutung der Fachbegriffe findest du auf Seite 92.

REIHEN BILDEN

Immer im Kreis herum sagt jeder ein Tier, das in einer vorher ausgemachten Reihe den nächsten Platz einnimmt. Solche Reihen sind beispielsweise „Von klein nach groß", „Vom Waldboden zum Wipfel" oder „Wer frisst wen?".

GERÄUSCHE RATEN

Besorgt euch eine Kassette oder CD mit Tierlauten, die man im Auto abspielen kann. Schaut nicht auf die Packungsbeilage, sondern versucht, die Töne selber zu bestimmen! Hinterher könnt ihr kontrollieren. Pro Treffer gibt es einen Punkt.

JETZT MIT MUSIK

Wer kennt die meisten Tierlieder? Wie wäre es mit „Alle Vögel sind schon da", „Der Kuckuck und der Esel" oder „Fuchs du hast die Gans gestohlen" ... Bitte mitsingen! Vielleicht packt jemand ein Liederbuch mit ein?

DAS PARKPLATZSPIEL

Autofahrten brauchen Pausen. Auch ein bisschen Bewegung tut da gut. Versucht einmal, euch wie Tiere zu bewegen, Tiere zu imitieren – und lasst die andern raten, was ihr darstellt! Das trainiert auch die Lachmuskeln ...

Immer auf dem richtigen Weg

Man darf nicht unterschätzen, wie unübersichtlich so ein grünes Dickicht sein kann. Deshalb ist es unerlässlich, dass ihr euch orientieren könnt: mittels Karte, Kompass und Wegzeichen.

Was heißt topografisch?
Nicht jede Karte hilft im Wald weiter. Ihr braucht eine so genannte topografische Karte, eine großmaßstäbliche Geländekarte, die die Umgebung in allen Kleinigkeiten so abbildet, wie sie zu sehen ist.
Das bedeutet, dass alle vorhandenen Wege eingezeichnet sind, nicht nur die großen Straßen. Dazu kommen alle Häuser, Gewässer, Höhlen, Berge …

Karten-Arbeit
Legt vorher fest, wie lange und wohin ihr gehen wollt. Der Langsamste und Kleinste gibt das Tempo an! Einer ist der „Karten-Manager", er verwaltet das Kartenblatt, möglichst in einer Klarsichthülle als Schutz gegen Schmutz und Regen.
Ihr müsst in der Lage sein, zu jeder Zeit euren Standort in der Karte zu finden. Dabei hilft regelmäßiger Vergleich mit der Wirklichkeit: Zweigt da jetzt links tatsächlich ein Weg ab? Kreuzen wir ein Bächlein? Wann kommt auf der rechten Seite der eingezeichnete Aussichtspunkt?

Himmelsrichtungen

Nie – Ohne – Seife – Waschen

Eine eigene Sprache

Die Zeichen auf der Karte werden immer am Kartenrand genau erklärt.
Sehr informativ: die dünnen braunen Höhenlinien! Je dichter sie werden, desto steiler wird das Gelände und desto anstrengender die Wanderung. Auch Farben helfen:
grün = Wald, blau = Wasser, weiß = offenes Land, gelb = große Straße,
schwarz = Gebäude.
Ein paar nützliche Sonderzeichen im Wald:

 Försterei    Schutzhütte   Rettungsbox    Einzelbaum

 Höhle   Aussichtspunkt   Quelle   Lehrpfad

Wenn ihr den Weg verloren habt, geratet nicht in Panik. Selten ist man im Wald ganz allein, man kann immer andere Wanderer fragen. Bleibt als Gruppe unbedingt zusammen und nehmt keine Abkürzung. Der Hauptweg ist immer das Sicherste!

Wegzeichen

In manchen Karten sind schon Wanderwege als dicke farbige Linien eingezeichnet. Jeder von ihnen hat eine Markierung, die ihr in der Natur in regelmäßigen Abständen an Baumstämmen oder auf Schildern wiederfindet. Immer prüfen: Wann kommt das nächste Zeichen? Dann könnt ihr den Weg nicht verlieren. Ihr könnt euch aber auch selber Zeichen machen: Pfeile aus Steinen und Rindenstücken oder gegabeltes Totholz erinnern euch daran, wo ihr abgebogen seid.

Wo ist Norden?

Ein Kompass ist ein wichtiges Werkzeug gegen das Verlaufen. Seine flüssigkeitsgelagerte Magnetnadel sagt euch immer wieder, wo der magnetische Nordpol, also die Himmelsrichtung Norden ist. Dreht den oberen Rand eurer Karte in diese Richtung; die Oberkante ist ebenfalls immer Norden. Dann könnt ihr sicher sein, dass ihr nicht die falsche Richtung einschlagt.
Hilfreich an einem Kompass sind:
- durchsichtige Dose: dann kann man ihn direkt auf die Karte legen.
- integrierte Lupe: zum besseren Kartenlesen.
- gezackter Drehrand: bei Kälte oder mit Handschuhen leichter zu handhaben.
- fluoreszierend: auch nachts ablesbar.

Richtig beobachten

Das ist die Forscher-Regel Nummer eins! Wer sie nicht beachtet, kommt abends nach Hause und wundert sich über den tierlosen Wald ...

Bitte so:
- Vorher informieren: Wo musst du hingucken, welches Tier lebt wo, welche Lebenszeichen der Tiere kannst du finden?
- Unauffällige Kleidung tragen: Tarnfarbe.
- Sehr leise sein, nicht herumtrampeln.
- Versteck suchen als Beobachtungsposten – hinter einem Busch oder vielleicht auch hoch oben auf einem starken Baum.
- Still sitzen, keine plötzlichen Bewegungen.
- Näher kommen immer mit dem Gesicht gegen die Sonne und den Wind: Dann wirfst du keinen Schatten und dein Geruch eilt dir nicht voraus.
- Geduld, Geduld!

Bitte so nicht:
- Tiere sind kein Spielzeug! Forsch mit den Augen, den Ohren, der Nase – aber nimm nichts nach Hause mit! Viele Tiere und Pflanzen stehen auch unter Naturschutz. Mitnehmen ist schlicht verboten!
- Insekten in deinem Lupenglas genauer anzusehen ist kein Problem. Aber lass sie nach spätestens 15 Minuten wieder frei und stell sie nicht in die volle Sonne.
- Fang nichts, was dich stechen, brennen oder verletzen kann. Dazu gehört auch der Fuchs, der als Tollwutüberträger gilt.
- Fang nichts, was du leicht verletzen kannst, Schmetterlinge zum Beispiel.
- Halt dich fern von Nestern. Berühr keine Tierbabys – ihre Mütter könnten sie hinterher wegen des menschlichen Geruchs ablehnen. Dann müssten sie verhungern. So süß es ist: Streichel nie ein Rehkitz!
- Kletter nicht auf dünne Bäume oder Äste, gefällte Stämme oder Holzstapel. Sie könnten brechen oder rutschen.

Hilfsauge Fernglas

Wie viel ein Fernglas leisten kann, wird durch zwei Dinge bestimmt: Vergrößerung und Objektivdurchmesser. Das Objektiv ist die äußere, große Linse (die innere direkt am Auge heißt Okular). Hat ein Glas also 7 x 50 aufgedruckt, vergrößert es ums Siebenfache und hat ein 55 mm großes Objektiv, das viel Helligkeit und ein großes Bildfeld erlaubt. Die Dämmerungszahl (7 x 50 = 350, und daraus die Wurzel = 18,7) ist ein weiterer Hinweis: Je höher sie ist, desto besser lassen sich bei wenig Licht Details erkennen. Vielleicht kannst du irgendwoher auch ein Nachtglas borgen. Es nutzt das Restlicht z. B. der Sterne und das Infrarotlicht einer eingebauten Lampe und erzeugt ein leuchtgrünes Abbild des sonst unsichtbaren Nachtgeschehens.

Hilfsauge Foto

Vielleicht bist du schon Hobby-Fotograf, vielleicht darfst du die Kamera deiner Eltern borgen? Tierfotos sind so eine Sache. Erstens ist ein Tier meist in Bewegung und deshalb schwer aufs Bild zu bannen, und zweitens muss man ziemlich nah hingehen, damit man nachher mehr auf dem Papier sieht als einen Klecks mit Beinchen. Das stört aber die Tiere – ganz besonders Tiermütter und -babys. Blitzen verbietet sich ohnehin, der grelle Lichtschein schlägt jedes Tier in die Flucht. Also: äußerste Rücksicht!
Und: Es gibt auch Herzfotos, Erinnerungen nämlich!

Beobachten und entdecken

So viel gibt es zu sehen, zu hören, zu riechen, zu fühlen! Wenn man versuchen will, sich den Tieren des Waldes zu nähern, muss man ihre Gesetze kennen: Wer ist wann unterwegs, wer frisst was, wer hat welche Gewohnheit, wer hinterlässt welche Zeichen ... Wenn du wachsam und sorgfältig bist, wirst du bald eine Menge herausfinden – und immer besser Bescheid wissen über das verflochtene Leben des Waldes.

Lebensraum Wald

Schätz einmal, wie viel von Deutschland bewaldet ist! Knapp 30 Prozent – das ist ein Prozent des Weltwaldes. Jeder Erwachsene hätte also bei uns 0,13 Hektar Wald zum Spazierengehen für sich allein; das wäre ein Viereck von 36 x 36 m. Wie viele Tiere auf einer solchen Fläche leben, lässt sich allerdings überhaupt nicht mehr abschätzen: eine Zahl, die in die Milliarden geht.

Ein eigenes Ökosystem
Die Lebensbedingungen in einem Wald sind ganz besonders – man findet sie sonst in keinem anderen Lebensraum. Das alte deutsche Wort „walt" (= unbebaut) zeigt schon, worauf es ankommt: Der Wald ist kein menschliches Lebensgebiet. Natürlich bleibt ein moderner Wald vom Menschen nicht unberührt, aber weder wohnt er dort, noch baut er dort, noch ernährt er sich dort. Damit kann sich das Tierleben ganz anders entfalten als in der Stadt, im Dorf, auf den Feldern und Obstwiesen.

Außerdem ist das dichte Blätterdach ein Schutz nach oben und nach außen. Darunter kann sich ein ganz eigenes Klima entwickeln: ein feuchteres, kühleres. Das beeinflusst auch den Boden. Bedeckt mit einer dicken Laub- und Nadelschicht bietet er vielen Tieren Raum.

Das grüne Hochhaus
Der Wald ist aus sechs Stockwerken gebaut:

- *Kronenschicht: größer 4 m*
- *Stammschicht: Übergangsstock*
- *Strauchschicht: 1 bis 4 m*
- *Krautschicht: bis 1 m*
- *Streuschicht: direkt auf der Erde*
- *Bodenschicht: unter der Erde*

In jedem Stockwerk gibt es unterschiedlich viel Licht, Wärme, Nahrung und Aufzuchtmöglichkeiten. Deshalb „wohnen" in jedem ganz verschiedene Tiere.

Wovon gibt es am meisten?
Wetten du denkst an Rehe, wenn jemand Wald sagt? An Eichhörnchen und an Wildschweine? Dabei spielen die im gesamten Tieraufkommen kaum eine Rolle. Schau dir einmal diese Zahlen an: 7000 unterschiedliche Tierarten gibt es in einem Wald. Die heimlichen Herrscher sind unangefochten die Insekten mit 5200 Arten. Es folgen 560 Spinnentierarten, 380 Wurmarten, 70 Schnecken, 60 Hundert- und Tausendfüßer

Krabbenspinne

und 26 Asseln. Alle Wirbeltiere zusammen – das sind die, die eine richtige Wirbelsäule haben, also Amphibien (Frösche, Kröten) plus Reptilien (Schlangen, Eidechsen) plus Säugetiere – bringen es gerade einmal auf 109 Arten.

Dabei machen alle Tiere zusammen nur ein Prozent der Biomasse des Waldes aus, also der Gesamtheit aller Lebensformen. 99 Prozent stellen die Bäume, Blätter, Pflanzen.

Das tut der Wald für die Tiere
- Er versorgt sie mit Lebensraum (ist also Wohnzimmer, Schlafzimmer, Kinder- und Spielzimmer, Toilette und Bad).
- Er gibt ihnen Nahrung (dann ist er Supermarkt und Speisekammer).
- Er recycelt ihnen die Luft: verbraucht ihr ausgeatmetes Kohlendioxid und produziert neuen Sauerstoff für sie (und die Menschen. Eine ausgewachsene Buche stellt am Tag 7000 Liter Sauerstoff her, das reicht für 50 Leute zum Atmen).

- Er schluckt den Staub aus der Luft (100 x 100 m Buchenwald filtert jährlich bis zu 50 Tonnen Staub aus der Luft).
- Er ist der Motor ihrer Wasserversorgung: Über die Blätter verdunstet er Wasser in die Luft, wo es sich sammelt und als Regen wieder fallen kann. Außerdem speichert er im fein verzweigten Wurzelbereich Millionen Liter Wasser.

Gemeiner Totengräber

Das tun die Tiere für den Wald
- Sie fressen ihn sauber: Ohne sie würde der Wald ersticken in altem Laub, abgefallenen Nadeln und totem Holz.
- Sie putzen alte Tierleichen weg und zersetzen sie (der beste Ökopolizist ist der Totengräberkäfer, der Kadaver eingräbt und seine Eier hineinlegt).
- Sie verbreiten Samen aus Zapfen, Beeren, Früchten und Blüten.
- Sie verhindern wilden Waldwuchs: Schädlinge wie der Borkenkäfer oder der Dickmaulrüssler sorgen dafür, dass nur starke und gesunde Bäume überleben.

Der ewige Kreislauf
Die Lebensvorgänge eines Waldes greifen als ununterbrochene Kette ineinander:

Kein fester Wohnsitz

Eine ganze Reihe von Tieren lebt im Wald nicht immer am selben Fleck. Ein Umzug steht für alle Larven an, die in der Erde abgelegt worden sind. Als erwachsene Insekten bewohnen sie oft die Strauch- oder die Kronenschicht.

Geballtes Leben

Besonders interessante Zonen sind die Waldränder. Wo zwei Lebensräume ineinander übergehen, ist das tierische Leben sehr vielfältig. Hier gibt es Hecken und Wiesenränder, Einzelbäume und helle Wegsäume, und die Tiere wechseln hin und her, um das Beste beider Welten zu genießen. Ein Rudel Rehe wagt sich ins Freie, Feldhasen suchen Schutz im Wald, Zauneidechsen und Blindschleichen sonnen sich …

Außerdem gibt es Tiere, die den Wald nur als teilweisen Lebensraum nutzen. Der Bussard brütet im Wald, aber er jagt draußen auf dem freien Feld; viele Hummeln bilden ihre Kolonien im Wald, sammeln aber vor allem auf den Wiesen ihren Nektar.

Schutzraum Wald: Was ist was?

- **Naturschutzgebiet:** kleinere Gebiete, in denen es nötig ist, wildlebende Tiere oder Pflanzen besonders zu schützen. Damit soll sichergestellt werden, dass sie erhalten bleiben.

Luchs im Nationalpark

- **Nationalpark:** große Schutzgebiete, die eine bestimmte artenreiche und schöne Landschaft umfassen, in der der Mensch kaum vorkommt. Die Natur darf hier tun, was sie will, der Mensch darf nicht eingreifen, nicht einmal der Förster. Das heißt auch: strenges Verbot, die Wege zu verlassen!

Die Sonderregeln in diesen Gebieten halten wir selbstverständlich ein! Schließlich geht es darum, die Erde haargenau für uns alle zu erhalten.

- **Biosphärenreservat:** einer der weltweit gestreuten Schutzräume, wo erforscht wird, wie belastbar Ökosysteme sind. Hier gehört der Mensch mit seinen Ansprüchen und Veränderungswünschen ausdrücklich dazu.

Nationalpark
Bayerischer Wald

Jahreszeiten

Das Rad der Jahreszeiten dreht sich durch den Wald: ein ewiger Zyklus, der nichts von seiner Schönheit verliert. Das erste Grün, die schwere Wärme des Sommers, bunte Früchte, der erste Schnee ... jeder freut sich immer wieder darauf. Auch die Tiere leben diesen Kreislauf intensiv mit. Achte einmal genau darauf, wie sie sich mit dem Jahreslauf verändern.

Großer Pappelblattkäfer beim Eierlegen

Frühling

Die Natur erwacht aus dem Winterschlaf, überall regt sich junges Leben. Blüten öffnen sich, das frische Blattgrün ist fast durchsichtig zart. Der ideale Platz zur Eiablage für viele Insekten: Dreh doch einmal vorsichtig junge Blätter um! Auch an Blattstängeln findest du kleine, oft tarnfarbene Eikügelchen. Oder schau in Astgabeln von Eichen und Schlehen nach – wie feine, dichte Netze sind die Gespinste der Ringelspinnerraupen. Der Waldlaubsänger lässt sein „Sibsibsibsirr" ertönen. Viele Tiere balzen und treten nur noch im Duo auf: Paarungszeit ist angesagt.

Sommer

Die Tiere genießen es, dass das Blätterdach die schwere Hitze auf dem offenen Land filtert. Im Wald bleibt es immer ein bisschen feuchter, kühler. Überall fressen sich Larven und Raupen ihrem Erwachsenendasein entgegen. Du kannst ihre verpuppten Formen an Blättern und Ästen festgesponnen sehen. Wenn du eine leere Puppe findest, pflück sie ab und nimm sie mit! Auch in den Nestern und kugeligen Kobeln von Igel oder Eichhörnchen wachsen Junge heran, blind und nackt und abhängig von ihren Eltern. Hör genau hin: Kannst du in den Vogelnestern die Jungen nach Futter tschilpen hören? Ihre Eltern nehmen vielleicht derweil ein kühlendes Bad in einer Pfütze...

Kleiner Fuchs, Stürzpuppe

Herbst

Alles wird leuchtend bunt und reif, die Blätter wie auch die Beeren und Früchte. Die Tiere sind unterwegs, um das überreiche Nahrungsangebot einzusammeln. Sie sorgen für die dürren Zeiten des Winters vor. Wenn du Nüsse pflücken willst, tu das, bevor das Eichhörnchen da war, sonst ist keine mehr übrig! Am günstigsten ist es jetzt, sich einen Beobachtungsposten dicht an einer

guten Nahrungsquelle zu sichern. Vielleicht kannst du aber auch ein Tier sehen, das gerade Vorrat in sein Winterlager hineinschleppt.

Winter

Viele Tiere schlafen nun im Verborgenen, wie die Kröte in ihrem Erdloch oder der Ohrwurm unter der Borke. Manche Tiere kannst du aber nur jetzt bei uns sehen – den hübschen Seidenschwanz zum Beispiel, der aus Skandinavien herunterfliegt, um den Winter in gemäßigteren Zonen zu verbringen. Auch die Schneeammer kommt in großen Trupps aus dem Norden, sie zieht allerdings meist nach Süden weiter. Der Schneehase und das Hermelin verkleiden sich: Du musst schon genau hinschauen, um die weißen Winterfelle im Schnee zu entdecken.

Seidenschwanz

Wie macht er's?

Der Schneehase muss kein einziges Haar verlieren, um weiß zu werden. Er hat die hellen Härchen das ganze Jahr; sie sind nur kürzer als die dunklen seines Sommertarnkleids. Wenn es kalt wird, werden sie einfach ein paar Millimeter länger – und schon ist der Hase schneeweiß!

Ruhezeit Winter

Die kalte Jahreszeit ist für die Tiere eine Not-Etappe – schlicht deswegen, weil sie in der unwirtlichen Natur nur noch wenig zu fressen finden. Und wer nichts zu fressen hat, hat keine Energie zu leben. Deswegen entwickeln die Tiere ganz unterschiedliche Energiesparprogramme.

Der Kuckuck verabschiedet sich nach Afrika

Ab in den Süden
Hör dich in den kalten Monaten einmal im Wald um: Still ist es geworden. Der Ruf der Ringdrossel und des Blaukehlchens fehlt, der typische Gesang der Nachtigall und des Kuckucks. Sie und viele andere sind so genannte Sommervögel und ziehen im Winter in wärmere Gegenden. Viele bleiben im Mittelmeerraum, andere wie der Kuckuck wollen afrikanische Sonne!

Auszeit Winterschlaf
Da es viel Energie kostet, den Körper immer auf Betriebstemperatur zu halten – erst recht, wenn es draußen friert – setzen manche Säugetiere ihre Körpertemperatur von rund 37 Grad auf 6 bis 8 Grad herunter und schlafen sich durch die kalte Zeit. Alle Körperfunktionen werden zurückgeschraubt, die Energie für den Rest holen die Tiere aus den angefressenen Fettreserven, dem Winterspeck. Der Igel in der Erdhöhle,

Igel im Winterschlaf

der Siebenschläfer im Vogelnistkasten und die Fledermaus in der Baumhöhle sind solche Winterschläfer. Der Siebenschläfer verlangsamt dabei seinen Herzschlag von 450-mal pro Minute auf 35-mal und senkt seine Temperatur auf sage und schreibe 1 Grad!

Zwischenlösung Winterstarre

Schnecken, Insekten, Frösche, Kröten, Eidechsen – diese wechselwarmen Tiere fallen alle in eine Kältestarre, die ebenfalls die Körperfunktionen verlangsamt. Reglos und steif liegen sie da. Allerdings brauchen sie dazu Schutz, sonst erfrieren sie: die Ringelnatter unter Wurzeln, die Feuerwanze unter Baumrinde, die Waldeidechse in Erdhöhlen oder unter Steinen.

Bitte Ruhe – Winterruhe!

Andere Tiere begnügen sich mit einfacher Winterruhe. Das bedeutet, dass sie sich in ein sicheres Versteck zurückziehen, wo sie Vorräte aufgehäuft haben, und dass sie viel ruhen, wenig jagen und wenig fressen. Der Dachs ist ein solcher Winterruher.

Harte Zeiten

Wer im Winter gar nicht ruht, muss harte Zeiten aushalten. Da hilft es, wenn man im Herbst vorgesorgt und den Bau mit Futter vollgestopft hat. Mäuse füllen leere Nistkästen bis zum Rand, kiloweise haben sie Vorräte zusammengeschleppt. Der Eichelhäher vergräbt sein Futter im Herbst in der Walderde. Eine Hilfe ist auch, sich den Wintermantel anzuziehen. Der Fuchs hat einen besonders dicken, schönen Winterpelz von herrlichem, flauschigem Rotbraun.

Füttern im Winter?

Auch wenn du Mitleid hast: Lass dich nicht dazu verführen, den Tieren Futter hinzuwerfen. Du störst nur das natürliche Gleichgewicht und machst die Tiere unfähig, für sich selbst zu sorgen. Wenn du unbedingt etwas tun möchtest, frag beim Förster nach. Er weiß Bescheid über die Zusammenhänge im Wald. Vögeln Körner streuen solltest du nur, wenn es längere Zeit sehr kalt ist und eine geschlossene Schneedecke liegt. Vielleicht schaffst du es dann, sie langsam an dich zu gewöhnen, und kannst die verschiedenen Arten zählen und beobachten.

Eine wichtige Warnung:
Stör niemals ein winterschlafendes Tier! Es muss sterben, wenn du es aus dem Versteck holst oder aufweckst.

Tarnung

Das Überleben vieler Tiere hängt davon ab, wie gut sie sich vor ihren Feinden schützen können. Sie haben dabei ganz unterschiedliche Techniken entwickelt. Schau einmal genau hin: Findest du getarnte Tiere? Was, denkst du, wäre günstig für eine Tarnung im Wald?

Keiner sieht mich

Es ist ein einfacher Trick: Wenn man so aussieht wie die Umgebung, in der man lebt, fällt man nicht auf. Grün und Braun sind damit die passenden Tarnfarben im Wald. Manche Tiere, die keine erfolgreichen Verteidigungswaffen wie Gift, spitze Zähne und scharfe Klauen haben, werden einfach „unsichtbar", um sich zu schützen. Vergleich einmal: Wer kann es besser?

◄ Vögel wie die **Waldschnepfe** oder der Ziegenmelker, die bräunlich gesprenkelt kaum vom Holz oder Erdboden zu unterscheiden sind?

Der grasgrüne **Laubfrosch**, ► der sich auf Blättern sonnt?

◄ Die **Chamäleon-Krabbenspinne**, die sich ihrem Lauerversteck Blütenblatt anpasst?

Die **Spannerraupe**, die wie ein ► kleiner Zweig am Ast verharren kann, wenn Gefahr droht?

Mimikry

Ganz raffiniert gehen die Tiere vor, die mit ihrem Aussehen einfach ein starkes, wehrhaftes Tier kopieren. Huch, denkst du, da fliegt eine Wespe? Vorsicht, sie kann stechen! Und du merkst gar nicht, dass es ein Hornissenschwärmer war, ein harmloser kleiner Falter. Oder vielleicht war es auch eine sirrende, schwarz-gelb gestreifte Schwebfliege? Oder ein wehrloser Widderbockkäfer im Flug? Oder ein Eichenglasschwärmer?

Maskierung
So nennt man es, wenn ein Tier sich eines Gegenstands bedient, um sich ungesehen zu machen. Verschiedene Wanzenlarven decken sich mit Erdkrümchen zu, sodass sie selber von Erde nicht mehr zu unterscheiden sind.

Tier schützt Tier

Manche schwachen Tiere verstecken sich, indem sie sich ein größeres Tier aussuchen, auf dem sie beschützt leben können.
So ein „großes Tier" ist auch ein Ameisenhaufen. Asseln, Käfer und verschiedene Larven leben da zur Untermiete, meist ungebeten, aber wohl beschützt. Dasselbe gilt für die winzigen roten Milbenlarven auf der flinken, langbeinigen Weberknechtspinne.

Wer findet mehr?
Nachtfalter ruhen tagsüber auf der Baumrinde, bevor sie dann in der Dunkelheit auf Jagd gehen. Macht einmal ein Spiel:
Wer entdeckt die meisten grau-braun gefleckten Falter, die fast mit dem Rindenholz verschmelzen? Der Birkenspanner kann dabei sogar die Flügel öffnen – wenn du nicht ganz scharf hinsiehst, findest du ihn nicht! Der Mondvogel wickelt beim Sitzen die Flügel um den Körper und täuscht damit ein kleines Zweigende vor. Findest du eine Gammaeule, dann zähl ihre Flügelfarben: schwarz, braun, grau, weiß, ocker, silber ...

Birkenspanner

Schmarotzer und Schädlinge

In der Tierwelt geht es nicht gerade zimperlich zu, wenn es darum geht, das eigene Überleben zu sichern – oder das der Nachkommen. Auch wenn dabei andere Tiere und Pflanzen geschädigt oder sogar getötet werden. Das ist das Gesetz des Waldes: Jeder erhält seine Art.

Kuckuckseier im Nest eines Teichrohrsängers

◀ Brutschmarotzer

Du weißt bestimmt, dass der Kuckuck nicht im eigenen Nest aufwächst. Das Weibchen schiebt einem fremden Elternpaar sein täuschend ähnliches Ei unter. Wenn der junge Vogel schlüpft, schubst er die anderen Eier seiner „Stiefeltern" einfach aus dem Nest. Ist ein Junges vor ihm aus dem Ei gekrochen, strengt er sich an, es ebenfalls über den Nestrand zu stoßen.
Die Schlupfwespe lähmt Raupen mit einem Stich und legt Eier in sie. Sind sie geschlüpft, fressen sie ihren Wirt langsam von innen auf. Dreh einmal Blätter gegen das Licht: Vielleicht findest du die kugeligen schwarzen Kokons der Wespen, direkt an die leere Leiche der Wirtsraupe angesponnen.

Kuckuck wird von Teichrohrsänger großgezogen

Gallen ▶

Diese rötlich grünen kleinen Bällchen wachsen oft auf Baumblättern. Ihre Verursacher sind vor allem Gall- oder Blattwespen (an Eichen) und Gallmücken (an Buchen). Ihre Weibchen legen winzige Eier in die Blattnerven der Rückseite. Das Blatt wehrt sich, indem es die Störenfriede mit Galläpfelkugeln umschließt. Das ist es aber genau, was die wollen: eine geschützte Larvenkammer mit Nährgewebe für die wachsende Larve. Zählt einmal: Wie viel verschiedenartige Gallen könnt ihr finden?

Ein Baum leidet ▶

Das Weibchen des hübschen braunflügeligen Birkennestspinners legt alle 250 bis 300 Eier auf einen einjährigen Birken- oder Lindenzweig. Sind die Larven geschlüpft, bleiben sie als Großfamilie zusammen und machen sich ein großes Nestgespinst, vom dem aus sie nachts auf Blätterjagd gehen. Sechs bis acht Gespinste – und der Baum ist kahl!
Auch die Mondvogellarven hausen so. Wenn ihr sie stört, heben sie starr ihren Kopf an: ihre typische Schreckstellung. Versucht einmal, einen solchen Haufen Raupen zu zählen!

Birkenspinner

◀ Kinderstube unter der Rinde

Vor allem bei geschwächten Bäumen frisst das Borkenkäferweibchen einen Muttergang unter die Borke oder ins Holz und legt an ihm entlang ihre Eier ab. Die Larven nagen quer dazu eigene Gänge, an deren verdicktem Ende sie sich eine „Puppenwiege" bauen, um zu schlüpfen. Die Käfer übertragen auch zersetzende Pilze, die das Holz weiter zerstören.

Fraß des Borkenkäfers

Durch Borkenkäfer verursachter Waldschaden

Schmarotzer zum Anfassen

- Sammel im März Weißdornzweige in eine Vase, die du auf helles Papier stellst. Es dauert nicht lange – und in den Knöspchen fressen hungrige kleine Raupen! Ihre Kotkrümel findest du auf dem Papier.
- Die Rinde toter Bäume lässt sich vorsichtig abheben. Vergleicht untereinander: Jede Käferart hat ihr eigenes Gänge-Fress-Muster. Welches ist das schönste? Die Rinde bitte wieder sauber zurücklegen!

Gefährdete Tiere

Die Vielfalt der Arten schrumpft und schrumpft, denn der Mensch dehnt seinen eigenen Lebensraum immer weiter aus und nimmt damit vielen Tieren den ihren.

Künstlicher Wald?

Schau dich um im Wald – wie viel hat er noch mit Urwald zu tun, jener ursprünglichsten Form des Waldes, in die noch kein Mensch eingegriffen hat? Zähl die Zeichen: angelegte Wege, Schutzhütten, Grill- und Spielplätze. Auch der Förster ist überall spürbar: Futterstellen, Jagden, Schonungen, Baumfällung, Forstwirtschaft. Eigentlich sind unsere Wälder nur noch groß angelegte Holzgärten. Und die Tiere sind die ersten, die diese Veränderungen spüren müssen.

Der langsame Tod

Zuerst wird eine bestimmte Tierart selten und seltener. Dann nennt man sie bedroht und setzt sie auf die Rote Liste der gefährdeten Tiere. Manchmal helfen die Bemühungen, den Bestand zu retten und wieder zu vermehren, manchmal nicht – dann ist eine Tierart ausgerottet. Ist das nur in einem bestimmten Gebiet der Fall, kann man versuchen, sie von woandersher wieder einzubürgern oder sie in Gehegen zu züchten und auszuwildern. Ist die Ausrottung weltweit, dann hilft gar nichts mehr.

Tiere mit Problemen

Es sind oft schöne und eigenartige Tiere, bei denen die Bedrohung zuschlägt:

◀ *Hirschkäfer*
Die Larven dieses prachtvollen 5 bis 8 cm großen Krabblers brauchen drei bis acht Jahre zum Reifen – den erwachsenen Käfer dagegen kannst du lediglich im Juni und Juli beobachten, er lebt nur wenige Wochen.

▶ Uhu

Der Riese unter den Eulen hat 1,70 m Flügelspannweite und acht Krallen, die sich wie Messer in die Beute bohren.

◀ Erdkröte

Diesem perfekt waldbodengefärbten Tier werden vor allem die Autos zum Verhängnis, wenn es zu Aberhunderten bei den Laichwanderungen im Frühjahr die Straßen überquert.

Großer Schillerfalter ▶

Den metallischen Blauglanz auf seinen Flügeln kannst du morgens im Juni und August beobachten.

◀ Wildkatze

Dieses überhaupt nicht zahme Krallentier ist größer, gedrungener und gelblicher als die Hauskatze: Ihr Schwanz ist buschig und hinten abgestumpft.

Wiedereinbürgerung unmöglich

Wolf und Braunbär werden nie wieder in unseren Wäldern eine Heimat finden. Sie werden zu sehr als Bedrohung betrachtet. Außerdem bräuchten sie auch so große, zusammenhängende Waldgebiete als Lebensraum, wie sie bei uns leider verschwunden sind.

◀ Luchs

Dieser kühne Jäger, Schwimmer und Kletterer ist scheu und zieht sich vor Menschen zurück. Im Rahmen von Schutzprogrammen werden wieder Tiere bei uns ausgesetzt.

Sperber ▶

Diese „Kleinausgabe" des Habichts hat besonders lange gelbe Beine und rupft seine Beute sorgfältig, bevorzugt auf Baumstümpfen.

Vorsicht Gift!

Jeder wehrt sich, wie er kann – und manche Tiere im Wald können das so, dass es weh tut. Und zwar nicht nur ihren tierischen Angreifern, sondern auch dir! Also pass auf, wo du hinfasst!

Unangenehm

Mückenstiche und Ameisenbisse sind lästig, aber nicht wirklich quälend. Bei den Mücken ist es nur das Weibchen, das seine Mundteile in deine Haut bohrt. Es braucht einen Bauch voll Blut, um seine Eier entwickeln zu können. Auch bei den Ameisen sind es Weibchen, die stechende Ameisensäure aus ihrer Giftdrüse am Hinterleib spritzen. Das liegt daran, dass die wenigen Männchen im Volk kaum eine Rolle spielen und nur kurz leben.

Ameisensäure versprüht auch die Buchenspinnerraupe, die gern in den jungen Zweigenden der Buchen und Birken sitzt.

Schmerzhaft

Manche Tiere können dir allerdings wirklich Schmerzen verursachen:

Stachel der Hornisse

◀ **Wespen, Bienen und Hornissen** haben den bekannten Giftstachel. Weniger bekannt ist, dass manche Wespenarten Nester im Waldboden bauen. Verletzt du dieses Nest beim Spiel, beim Hüttenbauen oder beim Holzsammeln, dann ist ein Schwarm wild gewordener Stechtiere hinter dir her. Also Vorsicht!

Die langen Borsten der **Prozessionsspinnerraupe**, die auf Kiefern lebt, können heftige Hautreizungen verursachen. ▶

Prozessionsspinnerraupen auf Eichenrinde

*Der **Feuersalamander** scheidet bei Gefahr über seine wulstigen Ohrdrüsen einen klebrigen Giftstoff ab, der scharf brennt.*

*Der Biss des **Steinläufers**, eines Hundertfüßers in der Laubstreu, hat die Wirkung eines Bienenstichs.*

Gefährlich!

Die Kreuzotter ist das einzige Tier, dessen Biss in unserem Wald bedrohlich sein kann, allerdings sehr selten tödlich. Diese 60 bis 90 cm lange Schlange mit dem auffälligen schwarzen Zickzackband auf dem Rücken greift allerdings nur bei Bedrohung an. Dann rollt sie sich zusammen, plattet den Körper ab und schnellt den Kopf nach vorne. Die Jungen sind bereits vom ersten Lebenstag an giftig. Wer gebissen wird, sollte unbedingt sofort einen Arzt aufsuchen.

Soforthilfe

Nach einem Besuch im Wald solltest du abends nachsehen, ob sich irgendwo in deiner Haut eine Zecke festgebissen hat. Schau nach einem stecknadelkopfgroßen schwarzen Tier mit winzigen Beinchen. Sie lauert in Bäumen und Büschen und kann Hirnhautentzündung und Borreliose übertragen. Findest du eine, lass sie von einem Erwachsenen mit der Pinzette herausmachen oder geh zum Arzt. Es dürfen keine Reste der Zecke in der Bisswunde zurückbleiben. Schmerzhafte Insektenstiche lindert eine Salbe aus der Erste-Hilfe-Tasche – aber auch Blätter des Spitz- oder Breitwegerichs, die überall am Wegesrand wachsen. Zupf ein paar, kau sie an und presse die Blätter mit dem austretenden Saft auf den Stich. Hilft garantiert!

Breitblättriger Wegerich

„Neue" Tiere

Du wirst dich fragen, was denn das heißen soll – man kann ja nicht in den Laden gehen und ein neues Tier für den Wald kaufen wie eine neue Hose! Aber es ist einfach: Neu ist ein Tier bei uns dann, wenn es ursprünglich hier nicht heimisch war, sondern sich erst später eingebürgert hat.

Ausgebrochen

Der Waschbär ist sozusagen ein Amerikaner in Europa. Der putzige Kleinbär mit dem Streifenschwanz wurde seines Pelzes wegen zu uns geholt. Bereits um 1929/30 gelang es einigen Tieren, aus einer Pelztierfarm auszubrechen. Dank seiner Pfiffigkeit und Anpassungsfähigkeit hat sich der Waschbär recht rasch verbreitet. Aber Achtung: So süß er ist, er kann Tollwut übertragen!

Zugewandert

Das Mufflon kam über die Alpen zu uns. Dieses braune Wildschaf lebt normalerweise im Mittelmeerraum. Die Männchen haben wunderschön gedrehte Hörner, so genannte Schnecken. Typisch ihr Rudel-Warnsignal: ein lautes Pfeifen, das entsteht, wenn Luft durch die verengten Nasenlöcher gepresst wird.

Ausgesetzt

Auch der Fasan kommt aus Asien. Im alten China wurde er als Symbol des Donners verehrt. Da ihn schon die Römer als Leckerbissen schätzten, entstand der Plan, ihn in Gehegen anzusiedeln – zur Zucht und zur Jagd natürlich. In Deutschland wurde der Vogel ab 1750 gezielt im Wald ausgesetzt.

Vom Gehege in den Wald

Der hübsche weiß gefleckte Sikahirsch ist ursprünglich ein Asiate – aus China und Japan. Er wurde schon im letzten Jahrhundert bei uns in Gehege gesetzt, wo er sich problemlos einfügte und vermehrte. Deswegen war es auch nicht schwer, ihn wieder in den Wald hinaus zu verwildern.

Ein komplizierter Weg

Der zottige Marderhund sieht dem Waschbär zwar ähnlich, ist aber tatsächlich mit dem Hund verwandt. Auch seine Heimat ist Asien. 1928 holte ihn Russland als Felllieferanten zu sich, und seither breitet er sich immer mehr Richtung Westen aus. In vielen Teilen Deutschlands ist er bereits Dauergast. Vorsicht: Auch bei ihm Tollwutgefahr!

An diesen Beispielen kann man sehen, wie klein die Welt geworden ist – auch für die Tiere. Nichts bleibt immer gleich, Bestände und Artenvorkommen ändern sich immer. Und um so schneller und einschneidender, je mehr der Mensch seine Finger im Spiel hat.

Der Förster hilft

Die Tiere im Wald haben einen mächtigen Verbündeten, den „Mann im grünen Rock", den Förster und seine Gehilfen, zu denen auch die Jäger gehören. Er sorgt für sie in Notzeiten – aber er greift auch ein, wenn eine Art überhand zu nehmen droht und so zum Schädling werden könnte.

Was tut der Förster?
Dieser begehrte Beruf ist sehr vielseitig, denn man hat einen Arbeitsplatz zwischen Schreibtisch und freier Natur. Das bedeutet, dass der Förster sowohl rechnet, plant und verwaltet, als auch draußen vor Ort den Wald und die Holzwirtschaft betreut. Jedes staatliche Forstamt besteht aus acht Revieren mit je 800 Hektar Wald und einem Revierförster.

Winterfütterung
Das ist so eine Sache: Das scheue Rotwild mit den sanften Augen kann viel Schaden anrichten. Im Sommer kommen Rehe und Hirsche nachts auf der Suche nach Gräsern und Kräutern auf die Waldlichtungen, die so genannten Äsungen. Aber im Winter gehen sie in den zu klein gewordenen Wäldern auch an die Baumrinden und die jungen Bäume. Um das zu verhindern, errichten

die Jäger überdachte Futterstände mit Heu und Kraftfutter. Ein Hirsch braucht 1 bis 2 kg Heu und 4 kg Rüben, Eicheln, Kastanien und Kartoffeln. Geht es den Tieren allerdings so sorgenfrei und gut, vermehren sie sich gern – und der Bestand muss durch gezielte Schießungen wieder verringert werden. So ist es, wenn das natürliche Gleichgewicht im Wald (beispielsweise auch die Feinde Luchs und Bär) abhanden gekommen ist ...

Der Jäger muss übrigens auch den Kot am Futterplatz mit gebranntem Kalk überstreuen, damit sich nicht zu viele Schmarotzer wie die Dasselfliege einfinden, die ihre Eier unter das Fell der Tiere legt.

Kinderfreundlich

Im Landeswaldgesetz steht es geschrieben: Die Förster sollen auch „Waldlehrer" sein. Das heißt, dass es neben vielen Dingen auch ihr Auftrag ist, Kindern den Wald und seine Tiere nahe zu bringen. Deshalb:
- Besucht einmal ein Forstamt! Fragt an, wann der Förster Zeit hat. Förster sind freundliche Leute!
- Meldet euch mit der ganzen Klasse bei einem Förster an und lasst euch den Wald aus Förstersicht zeigen.
- Manchmal werden auch Nachtführungen angeboten. Dann dürft ihr vielleicht sogar vom Hochstand aus unter fachkundiger Anleitung Tiere beobachten.
- Manche Forstämter haben einen Schulwald, den man besuchen kann.

Wie wäre es, wenn ihr Hilfe anbietet? Waldputz zum Beispiel? Oder wenn ihr eine Patenschaft für ein bestimmtes Stück Wald übernehmt, nach dem ihr regelmäßig seht? Aber keine Eigenaktionen! Wenn etwas nicht stimmt, immer an den Förster weitersagen!

Wildgehege und Lehrpfade

Wild zum Anfassen – geht das überhaupt? Oder kann man dann gleich in den Zoo gehen? Ein Wildpark hat viele Vorteile, für die Besucher wie für die Tiere – wenn ein paar Grundregeln beachtet werden.

Ziele

Fast jeder größere Wald hat auch ein Gehege, von wenigen Hektar Größe bis hin zum Waldpark von 2500 Hektar. Hier können Tierinteressierte das scheue Großwild aus der Nähe sehen. Getreu dem Leitspruch, dass man nur schützt, was man kennt, geben die Verantwortlichen den Menschen aus den Städten Gelegenheit, viele Tierarten kennen zu lernen. Außerdem lassen sich im Schutzraum Gehege Tierarten halten und vermehren, die in der freien Wildbahn bedroht sind.

Rotwild, männlich und weiblich

Geboten ist:

- *Vor allem Rotwild, also eine Menge Rehe, Hirsche und getupftes Damwild. Schaut euch die Rudel an: Außerhalb der Paarungszeit, der Brunft, gehen immer die Kühe und Kitze in einem, die Böcke in einem anderen Rudel. In der Brunft müsst ihr lauschen gehen; im September schreien und röhren die männlichen Hirsche laut und schlagen ihre Geweihe krachend aneinander.*
- *Schwarzwild, das heißt Wildschweine, die mit ihren Rüsselnasen den Boden nach Essbarem aufwühlen. Oft gibt es Fütterungstermine zum Zuschauen.*
- *Kleinwild wie Füchse, Waschbären, Auerhahn, Fasan…*

Auerhahn

- *Bedrohte Tiere wie Luchs, Wolf, Braunbär und sogar Elch.*
- *Exoten wie das Wildrind Wisent oder der asiatische Yak, und manchmal sogar Wildpferde.*

Wildyak

- *Rückzüchtungen ausgestorbener Tiere aus verwandten Tierarten wie der Auerochse.*
- *Streichelzoos. Ausprobieren: Wie fühlt sich so ein Wildfell an, weich oder drahtig?*

Wisente

- *Futterverkauf und Fütterungsmöglichkeiten. Aber Achtung: respektvoller Abstand, denn Bisse tun weh!*
- *Auffang- und Pflegestationen. Kranke Tiere werden so lange behalten, bis sie wieder in der Wildbahn bestehen können, und bedrohte Tiere werden gezüchtet, um sie nachher vorsichtig in den Wald hinein auszuwildern.*
- *Spielplätze und Grillplätze.*

Auerochse

Lehrpfade

Den Wald im Detail lernt man auch auf jenen Pfaden kennen, die extra zur Sinnesschärfung und Wissens-vermittlung angelegt wurden.
Da gibt es Vogelstimmenpfade und auch Vogelstimmenführungen. Es gibt Baumpfade und Tierpfade, entlang an Ameisenhäufen, kleinen Tümpeln und Totholz. Erkundigt euch beim Förster, was in eurer Nähe angeboten wird.

Verlangt wird:
- Auf den Wegen bleiben, nicht in die Gehege eindringen.
- Keine Tiere anfassen außer im Streichelzoo.
- Nichts füttern, was nicht an bezeichneten Futterstellen gekauft ist!
- Keinen Rummel machen.

Abenteuer Nacht

Viele Tiere sind dämmerungs- oder nachtaktiv. Deswegen ist eine Nachtwanderung eine spannende Idee: Was wird man da sehen, was hören, wie verändert sich der Wald? Die Dunkelheit ist eine ganz eigene Welt, und du fühlst dich vielleicht auch schon bald wie ein kleines, streunendes, lauschendes Tier...

Wer ist nachts unterwegs?
Typische Nachtjäger sind Fuchs, Dachs, Reh, Hirsch und Wildschwein. Auch Marder und Kauz sind nachts auf der Pirsch sowie fast 90 Prozent der Schmetterlinge, die Nachtfalter nämlich.
Hör einmal genau hin:

◀ *effeff*
*Tief und kurz:
der Baummarder.*

hu-uuh ▶
*Lang gezogen
und klagend:
Waldohreule
und -kauz.*

◀ *quaaak*
*Vielfach wiederholt:
Frösche (in Weiher-
oder Tümpelnähe).*

zirp ▶
*Reibend und hoch: Grillen
(am Waldrand und Wegrain).*

◀ **Nachtigallengesang**
*Sehr schön und melodisch, im Mai/
Juni manchmal die ganze Nacht.*

Ausrüstung
- ☐ Taschenlampe, zweistufig oder dimmbar. Besser noch: Stirnlampe zum Aufsetzen, dann habt ihr die Hände frei.
- ☐ Warme Kleidung, denn nachts wird es kühl.
- ☐ Sitzunterlage zum Beobachten.
- ☐ Sehr empfehlenswert ist eine Thermoskanne mit heißem Tee, vor allem in der kühleren Jahreszeit.

Tipps
- Geht nicht allein und bleibt in der Gruppe zusammen.
- Sucht euch Beobachtungsplätze, z. B. einen stabilen Hochstand, und verhaltet euch ruhig.
- Nachts gibt es ganz andere Geräusche und Gerüche im Wald.
- Bei Tagesanbruch kommen die Jäger der Nacht heim zu ihren Bauten und Lagerplätzen, die ersten Vögel singen, Nacht und Tag begegnen sich.

Nachtexperimente
Versucht einmal, tagsüber „Nacht" zu spielen. Verbindet euch die Augen und macht einen Testlauf die Strecke entlang, die ihr euch für die Nacht ausgesucht habt. Lasst euch von einem Sehenden begleiten, zur Sicherheit! Spannend ist es auch, Tiergeräusche aufzunehmen und zu Hause nachzuhören und zu bestimmen. Dazu braucht ihr einen Kassettenrekorder mit Mikro. Damit nicht der lauteste Klang nachher euer eigener Atem ist, empfiehlt es sich, das Mikro mit Schaumstoff abzudecken und mit einem Geräuschfangtrichter zu versehen, einfach einem Kegel aus Papier. Zählt einmal: Wer unterscheidet die meisten Nachtstimmen? Wer kann sie am besten zuordnen?

Fußspuren und Losung

Häufiger als die Tiere selbst findest du Tierspuren am Boden: Fußabdrücke sowie Kot, die so genannte Losung. Du kannst sie lesen lernen.

Fußabdrücke hinterlässt ein Tier da, wo der Boden weich und feucht ist: in Wassernähe, nach einem Regen, im Schnee. Und logischerweise da, wo es sich viel aufhält: in der Nähe des Baus, an beliebten Fressplätzen, auf dem Weg zu guter Beute. Entsprechend ist es mit dem Kot. Wo gefressen wird, wird auch ausgeschieden. Oft triffst du auf beides gemeinsam: an den Fußspuren entlang hat das Tier auch Losung verloren.

Fachwörter
Trittsiegel: scharfer einzelner Pfotenabdruck, der eindeutig auf ein bestimmtes Tier hinweist.
Trittspur: Abdruck aller vier Beine.
Fährte: Mehrere Trittspuren des sich bewegenden Tiers. Ihre Abfolge lässt Rückschlüsse zu auf die Richtung und das Tempo.
Geläufe: Trittspuren von Vögeln.

Detektivarbeit beim Lesen
- Frische Spuren sind schärfer, ältere verlieren an Umriss.
- Wie tief sind die Spuren? War das Tier schwer, ist es vielleicht gesprungen?
- Jungtiere haben viel kleinere Abdrücke.
- Sieht man das ganze Trittsiegel? Je trockener der Weg und je leichter das Tier, um so größer die Wahrscheinlichkeit, dass nur die Vorderzehen abgedrückt sind.
- Das Tempo des Tiers verändert die Spuren, je nachdem ob es geht, trabt, springt oder galoppiert.
- Viele Tiere haben unterschiedliche Trittsiegel an Vorder- und Hinterbeinen.
- Sieht es aus, als sei das Tier auf zwei Beinen gegangen? Dann tritt es mit den Hinterfüßen genau in die Siegel der Vorderfüße.
- Schmelzender Schnee macht die Trittsiegel größer.

Was die Losung verrät

Die Zusammensetzung der Nahrung bestimmt das Aussehen der Losung. Findet man viel auf einmal, ist das Tier ein Pflanzenfresser. Denn die vielen unverdaulichen Anteile der Pflanzennahrung müssen auch wieder ausgeschieden werden. Die Losung ist rund, walzenförmig und eher hell. Fleischfresser nutzen den Großteil ihrer Nahrung, deswegen haben sie wenig Losung. Sie ist dunkel, schmierig, lang gestreckt und spitz ausgezogen. Vielleicht kannst du Reste von Knochen, Haaren oder Samen erkennen? Dann weißt du, was genau das Tier gefressen hat.

Pfote oder Huf?

Sieht man den gesamten Fußabdruck mit Zehen, Ballen und Ferse, spricht man von einem Sohlengänger – so wie der Mensch. Fehlt die Ferse, handelt es sich um einen Zehengänger – berühmtestes Beispiel: Hund. Versuch einmal, nur auf allen vier Ballen vorwärts zu kommen! Hufe sind verhornte Zehen, die ein bisschen wie glänzende dunkle Schuhe aussehen. Sie dienen als Gehschutz. In unserem Wald triffst du nur Paarhufer. Das sind Tiere, die entweder zwei oder vier Zehen haben. Meist ist das hintere Zehenpaar nur bei tiefen, feuchten Abdrücken sichtbar.

Geschmeiß und Gestüber

Hier reden wir von Vogelkot. Ist er fest und wurstförmig, nennt man ihn Gestüber. Der Kot der Greifvögel allerdings ist ziemlich flüssig, denn sie würgen die verdickenden unverdaulichen Reste wieder aus dem Schnabel. Außerdem ist Vogelkot grundsätzlich mit Urin vermischt und deswegen weicher.

Gewölle

Ein Gewölle ist das herausgewürgte Päckchen unverdaulicher Nahrungsbestandteile, das Eulen und Käuze, Raubvögel und Krähen wieder von sich geben. Du findest es oft in der Nähe von Nestern und Schlafplätzen. Auch Pfähle und einzeln stehende Bäume als Fraßplätze sind beliebt.

Warnung!

Tierkot nie mit bloßen Händen anfassen! Er könnte Krankheitserreger beinhalten. Wenn du Losung oder Gewölle näher untersuchen willst, zieh Gummihandschuhe an, steck die Hand in eine kleine Plastiktüte oder nimm eine Pinzette.

Was gehört zu wem?

Rothirsch ▶
- **Trittspur:** Hier unterscheiden sich die Geschlechter sehr: Das Trittsiegel der Hirschkuh ist 2 cm kleiner. Der Damhirsch hat die gleiche Spur, nur 2–3 cm kleiner.
- **Länge Trittspur:** 1,60 m
- **Losung:** Jedes der dunklen, 2,5 cm langen Stücke läuft in einem spitzen Zipfel aus. Meist werden sie in Häufchen im Dickicht abgesetzt.

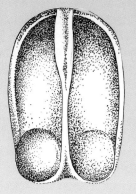

8–10 cm

◀ Reh
- **Trittspur:** Das Springen vergrößert den Abdruck sehr – dieses kleinste Großwild kann bis zu 8 m weite Sätze machen! Männchen und Weibchen haben die gleichen Abdrücke.
- **Länge Trittspur:** 1,10 m
- **Losung:** Die Rehlosung ist oval und schwarzbraun, also heller als beim Hirsch. Die Länge beträgt 1–1,5 cm.

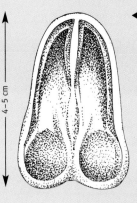

4–5 cm

Wildschwein ▶
Einziger Paarhufer, bei dem man das hintere Zehenpaar immer sieht.
- **Trittspur:** Junge Tiere haben spitzere Abdrücke, bei älteren wirken sie nicht mehr so scharf, sondern runder.
- **Länge Trittspur:** 1,10 m
- **Losung:** Das Wildschwein setzt unregelmäßige Knollen von 2–3 cm Länge ab. Meist sind sie leicht zusammengebacken.

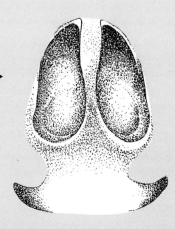

8–11 cm

Kaninchen
- **Trittspur:** Das Kaninchen hat sehr lange Hinterläufe. Außerdem ist gut zu sehen, dass das Tier hoppelt: die Hinterpfoten sind praktisch auf gleicher Höhe.
- **Länge Trittspur:** 1 m
- **Losung:** Das Kaninchen scheidet so genannte Pillen aus, klein, trocken und gelbgrün. Mit Pillenhaufen rund um den Bau markiert es sein Revier.

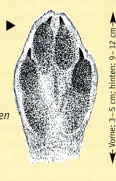

Vorne: 3 – 5 cm; hinten: 9 – 12 cm

Dachs
Auffallend ist der nierenförmige Ballen und die Breite der Pfote.
- **Trittspur:** Die Vorderpfote hat deutlich längere, leistungsfähigere Krallen – wobei die der Hinterpfote auch nicht zu verachten sind! Außerdem überlagern die Hinterpfoten die Abdrücke der Vorderpfoten zu einem Teil.
- **Länge Trittspur:** 0,35 m
- **Losung:** Dachse sind reinlich und machen sich oben offene „Toilettenlöcher" in Baunähe, die sie immer wieder benutzen. Die Losung ist dunkel, spitz ausgezogen und etwa 8 cm lang.

4,5 cm

Fuchs
- **Trittspur:** Der Fuchs schnürt: Seine Trittspur bleibt auf einer einzigen langen Linie unterhalb der Körpermitte. Im Schnee erkennt man die feine Spur, die die herabhängende Schwanzspitze hinterlässt.
- **Länge Trittspur:** 0,60 m
- **Losung:** Die spitz zulaufende unregelmäßige Wurst von 6 – 8 cm Länge enthält oft Beeren- und Käferreste sowie Haare und Federn der Beutetiere.

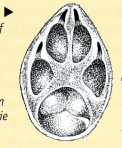

5 cm

Wildkatze
- **Trittspur:** Die Wildkatze tritt ganz samtig und krallenlos auf. Auffallend ist, wie rund die Abdrücke sind.
- **Länge Trittspur:** 0,60 m
- **Losung:** Die Losung ist 6 – 8 cm lang und unregelmäßig wurstförmig. Sie ist selten zu finden, da das Tier sie mit Erde zudeckt. Dafür sieht man die Kratzspuren des Eingrabens.

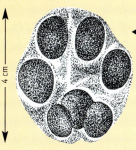

4 cm

Igel

Der Igelabdruck sieht auffallend einer menschlichen Hand in Miniatur ähnlich.
- **Trittspur:** Deutlich sieht man die langen Krällchen. Da er ein Sohlengänger ist, sind die Ballen alle gut unterscheidbar. Manchmal fehlt der Abdruck der fünften Zehe.
- **Losung:** Die schwarzen, runzeligen und meist einzelnen Stücke sind rund 4 cm lang. Oft erkennt man Käferreste.

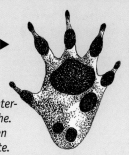

Vorne: 2,5 cm; hinten: 4 cm

3,5 cm

Baummarder

- **Trittspur:** Fast immer springt er und hinterlässt deswegen nebeneinander stehende Trittsiegel. Er hat fünf Zehen und Ballen; zählt man manchmal nur vier, ist der fünfte nicht abgedrückt. Da die Sohlen behaart sind, sind die Abdrücke nicht immer sehr scharf.
- **Länge Trittspur:** 0,40 m
- **Losung:** Die Losung ist dünn, wurstförmig und gedreht und 8–10 cm lang. Oft erkennt man Reste von Beeren und Obstkerne.

Eichhörnchen

- **Trittspur:** Die Hinterfüße sind deutlich größer und haben eine Zehe mehr. Das schnelle kleine Tier setzt Vorder- und Hinterbeine immer auf jeweils dieselbe Höhe: Es springt. Sehr deutlich sind auch die langen krallenbewehrten Zehen.
- **Länge Trittspur:** 0,45 m
- **Losung:** Die Kotkugeln sind klein, weißlich und 0,5–1 cm groß.

3–4 cm

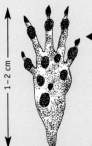

1–2 cm

Maus

Die Abdrücke sind ausgesprochen feingliedrig und sehr gespreizt.
- **Trittspur:** Alle Mäuse haben sehr ähnliche Abdrücke: Waldmaus, Haselmaus und Rötelmaus. Die Vorderfüße haben vier, die Hinterfüße fünf Zehen mit Krällchen.
- **Losung:** Mäusekot ist körnchengroß, dunkel und an beiden Enden spitz zulaufend.

Lebenszeichen

Auch wenn man die Tiere nicht sieht, sieht man, dass sie da waren! Betrachte den Wald genau: Welche Stellen verraten, dass hier ein Tier unterwegs war? Wer die Zeichen zu lesen versteht, erfährt schon eine ganze Menge.

Das kannst du am Boden sehen	
Was du siehst	**Wer es war**
Brunftkreise: Der Grund ist ringförmig niedergetrampelt.	Wenn der Rehbock um eine Ricke wirbt, laufen sie als Balzspiel immer in einem relativ engen Kreis.
Umgewühlte Stubben (das ist das, was nach dem Fällen eines Baums stehen bleibt)	Dachs und Wildschwein auf der Suche nach Pilzen und Larven.
Großes, aufgehacktes Loch im Ameisenhaufen	Ein Erdspecht auf der Jagd nach seiner Lieblingsspeise: Ameisen.
Zapfengerippe (ein Zapfen besteht aus ölhaltigen Samen hinter den Schuppen und einem Mittelstück = Spindel)	• Eichhörnchen: nagt die einzelnen Schuppen grob ab und wirft zuletzt die leere Spindel weg. • Maus: putzt die Spindel sehr sauber leer. • Kreuzschnabel: drückt die Schuppen nur mit dem Schnabel auf. • Specht: zerrupft den Zapfen völlig.
Angenagte Nüsse Vom Eichhörnchen ausgehöhlte Haselnussschalen	• Maus: kleine runde Löcher mit Zahnmarken, oft vom unteren Rand her. • Eichhörnchen: große Löcher von der Nussspitze her, Zahnmarken. • Blaumeise: schmale Hackspuren vom Schnabel.

Das kannst du am Boden sehen	
Was du siehst	**Wer es war**
Baulöcher	• Dachs: mehrere rund 30 cm große Eingänge, gern um einen Baum(stumpf) herum. • Fuchs: 25 cm große Öffnung mit ausgescharrter Erde, ohne Rinne. Scharfer Geruch! • Waldmaus: Röhre 3–4 cm breit, mit Erde davor.
Nester Waldlaubsänger	• Schwanzmeise: Bodennest aus Pflanzenteilen und Moos zwischen dichten Bäumen, mit Spinnwebtarnung. • Waldlaubsänger: im dichten Bodenlaub, mit seitlichem Einschlupfloch.
Sorgfältig zusammengekratztes Gras und Laub, oft unter Bäumen	Rehlager
Trampelpfade, sehr ausgetreten, in Richtung Waldlichtung	Rehe und Hirsche benutzen immer denselben Weg: ein so genannter Wildwechsel.
Das kannst du am Baum sehen	
Benagte Baumrinde	• Kaninchen: verbeißt Baum dicht über dem Boden. • Hirsch: Abschälungen bis etwa 2 m Höhe. • Eichhörnchen, Rötelmaus: benagen auch Zweige.
Zerrissene Baumrinde	Rehböcke und Hirsche scheuern sich an jungen Stämmen; entweder streifen sie die behaarte Geweihhaut – den Bast – ab oder sie setzen Duftmarken.
Zerrupfter Zapfen in Rindenspalt	Der Specht baut sich eine so genannte Spechtschmiede. Oft findest du am Boden darunter noch mehr Zapfen.

Nuss oder Buchecker, aufgepickt und in Rinde geklemmt	Kleiber
Kratzspuren am Baumstamm	Dachs und Wildkatze wetzen ihre Krallen. Dadurch werden diese geschärft und gesäubert.
Riesige Holzlöcher in alten Baumstrünken, in allen möglichen Höhen	Specht auf Nahrungssuche. Fraßstelle vom Schwarzspecht
Haare an Stämmen, in Stachelbüschen, an Zäunen	• Reh und Hirsch: rötlich braun, dunkelbraun, etwas weiß. Und ziemlich steif und borstig! • Dachs: lang, weiß mit dunkler Spitze. • Fuchs: rötlich grau, mit hellen Spitzen. • Kaninchen: kurz, fein und flauschig, grau mit brauner Spitze. Sammel die Haare und ordne sie zu!
Nester Eichhörnchennest	• Specht: rundes großes Loch hoch im Baum. • Elster: riesiger Bau aus Reisern, überdacht. • Dompfaff: flacher Bau in geringer Höhe, gepolstert mit Haaren und Würzelchen. • Eichhörnchen: kugelförmiger Kobel hoch oben in Astgabeln, darum herum noch kleinere Schlaf- und Spielnester.

Spielen und basteln

Der Wald ist ein riesiges grünes Spiel- und Bastelzimmer! Er bietet dir Material in Hülle und Fülle: für Schnitzarbeiten und Findekästchen, für Picknick und Schatzsuche. Manches kannst du auch mit nach Hause nehmen. Leckereien und tolle Bastelarbeiten, Experimente und Tierprotokolle erinnern dich noch lange an deine Abenteuerstunden im Wald.

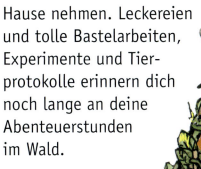

Basteln in der Natur

Es macht ungeheuren Spaß, im Wald aktiv zu sein. Der Wald selbst gibt dir die Mittel dazu. Du musst sie nur sehen – und zugreifen!

MEIN PERSÖNLICHER WANDERSTOCK
Es geht sich erheblich leichter mit einem hölzernen Begleiter. Besonders wenn er selbst gemacht ist! Such dir im Fallholz einen kräftigen Stock und kürz ihn etwa auf Taillenhöhe. Schau, dass du einen findest, dessen Wuchs es dir erlaubt, das Oberteil in Tierform zu beschnitzen. Vielleicht sieht jener Knubbel aus wie eine Schnauze, oder dieses Astloch wie ein Auge …
Übrigens: Man kann mithilfe eines solchen Stocks toll unsicheren Boden abtasten und über Pfützen, Gräben und Bachläufe springen!

DIE HOLZTIER-MENAGERIE
Fallholz und tote Wurzeln sind ein unerschöpflicher Vorrat für Holztierkunst. Schau dich einmal um: Welches eigenartig geformte Stück Holz erinnert dich an ein Tier? Setz es ins Gras und überleg, wie du es verfeinern kannst. Ein paar gefundene Federn als Flügel, Eicheln als Augen, Gräser als Schmuck? Oder lieber Blätter, Steinchen, Rindenstücke? Das Schnitzmesser oder ein Stück Draht können nachhelfen.

Vielleicht möchtest du deinem tollen Tier einen Namen geben und es als „Haustier" mitnehmen?

BITTE EINZIEHEN

Ein absolutes Muss im Wald ist das Hüttchenbauen. Diesmal aber keins für euch Große, sondern eins für Eichelmännchen und Nusskerle. Kleine Ästchen sorgen für das Grundgerüst, Moose und Blätter für Wände und Dach. Am leichtesten ist eine Art Zelthaus, wenn man die Ästchen nur gegeneinander lehnt. Wenn du aber Äste mit Gabelungen oben findest, kannst du auch einen Würfel bauen und ein Dach darauf setzen. Aber bitte Türen und Fenster nicht vergessen! Wer weiß, vielleicht möchte eine neugierige Maus einziehen?

Wald macht hungrig

Nach so viel Wandern, Forschen und Spielen muss man auch essen. Packt aus, was ihr euch mitgebracht habt und macht es euch gemütlich! Als Besteck reicht das Taschenmesser. Das kann man hinterher „spülen", indem man es zwei-, dreimal bis zum Heft in die Erde steckt. Schon sauber! Eins ist allerdings selbstverständlich: aller Müll verschwindet in der mitgebrachten Tüte. Naturfreunde hinterlassen nichts als Fußabdrücke.

Und eine Warnung noch: Nie eine Trinkflasche offen stehen lassen. Sonst könnte es sein, dass man hinterher eine Wespe im Mund hat.

Regeln rund ums Feuer

Würstchen braten ist lecker – aber bitte nur an einem ausgewiesenen Feuerplatz. Wilde Feuer sind gefährlich und verboten! Und selbst an den Grillstellen darf das Feuer nie so hoch gefüttert werden, dass Funkenflug entsteht. Man verlässt auch eine Feuerstelle nie, bevor das Feuer absolut tot ist.
Übrigens: Habt ihr schon einmal Schweineschwänzchen am Spieß gegrillt? Man stellt sie her, indem man eine Rote Wurst an beiden Enden tief überkreuz einschneidet. Die langen Enden ringeln sich in der Hitze auf.

Federspiel und Findekästchen

Der Wald ist voller Schätze – hebe sie und nimm sie mit nach Hause! Besonders schön sind die glänzenden Geschenke, die die Vögel dir machen: ihre Federn. Aber auch sonst hinterlassen die Tiere so allerhand, das dich an sie erinnern kann.

Aufbau einer Feder

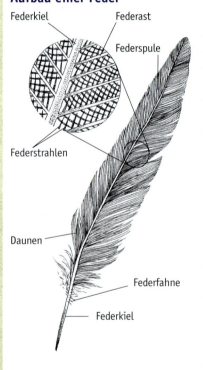

Federkiel
Federast
Federspule
Federstrahlen
Daunen
Federfahne
Federkiel

Visitenkarte Feder

Federn sind ausgezeichnete Hilfen zur Vogelbestimmung. Entweder hat ein Vogel in der Mauser sie abgestoßen, oder er wurde Beute eines Jägers. Schau dir Farbe, Form und Größe genau an:

▲ **Eichelhäher**
Leuchtend hellblaue Streifen in der Schwungfeder.

Ringeltaube ▶
Metallisch grüner Glanz.

Waldkauz ▶
Braunweiß gefleckt mit fransigem Rand, damit lautloser Flug möglich ist.

◀ **Blaumeise**
Zitronengelbe Körperfeder.

Fasan ▶
Lange, braungelbe Schwanzfeder mit schwarzen Querstreifen.

WAS MAN MIT FEDERN TUN KANN:

- Federgalerie: Steck die Federn in Flaschenkorken und sammle sie.
- Kopfschmuck: Nähe ein breites schwarzes Gummiband passend zu deiner Kopfweite rund und bestücke es mit Federn. Winzige Doppelschnitte übereinander schaffen Platz für den Federkiel.
- Feder-Massage: Leg dich ins Gras, schließ die Augen und lass dich von einem anderen ganz sacht mit der Federspitze kitzeln.
- Feder-Versuch 1: Winzig kleine Häkchen halten die einzelnen Federäste zusammen. Wie gut sie arbeiten, siehst du, wenn du die Feder vorsichtig zerzaust und dann wieder glättest.
- Feder-Versuch 2: Federn sind immer zum Schutz gegen Wasser und Kälte gefettet. Besprüh sie mit Wasser aus deiner Trinkflasche – du wirst sehen, es perlt ab.

DAS FINDEKÄSTCHEN

Wer Schätze hat, braucht auch eine Schatzkiste. Du kannst einen alten Setzkasten dafür nehmen, dann hängen deine Schätze sichtbar an der Wand. Sehr praktisch ist ein Sortierkasten aus dem Baumarkt. Er hat sehr viele abgeteilte kleine Fächer und einen Deckel.

TIERISCH GEFUNDENES

Kleine Büschel von Tierhaaren kannst du mit einem Faden zusammenbinden und aufheben. Auch Federn und Schneckenhäuser sehen in einer Schatzkiste toll aus. Tierfutter zu sammeln gibt es in Hülle und Fülle: Eicheln, Bucheckern, Maronen, Haselnüsse ...

Spielen in der Natur

Der Wald ist natürlich viel besser als ein angelegter Spielplatz: Klettern, Rennen und Versteck stehen auf dem Programm, aber auch eine Menge Spiele, die nur im Wald möglich sind.

Ameisenrennen
Dazu brauchst du ein großes Löschpapier, ein Stück Würfelzucker und etwas Wasser aus deiner Trinkflasche. Feuchte den Zucker an und mal eine Acht auf das Löschpapier. Leg es in die Nähe eines Ameisenhaufens, am besten bei einer Ameisenstraße (ohne die Ameisen im Bau zu stören!). Vielleicht musst du die Ecken mit Steinen beschweren, damit das Blatt glatt liegt. Es wird nicht lange dauern, bis die ersten Ameisen den begehrten Zucker, den sie an ihre Larven verfüttern, entdecken. Beobachte sie beim Abtransport! Manche Ameisen werden ihn allerdings nicht beachten. Daran erkennst du, dass sie nicht zur Nahrungsbeschaffung eingeteilt sind.

Schatzsuche
Einer von euch ist der Schatzmeister und versteckt den Schatz (der vielleicht aus einem gut verpackten Schokoladentier besteht). Die anderen suchen. Der Schatzmeister gibt verschlüsselte Hinweise, z. B.: „Sucht in der Nähe des Lebenssaftes" (also am Bach), „Schlagt die Himmelsrichtung ein, in der die Sonne aufgeht" (also Ost), „Der Dachs und das Wildschwein könnten den Schatz nicht fressen" (also auf einem Baum), „Jetzt noch zehn Hirschhufe weit geradeaus" (also 1 m), „und dann drei Kaninchenhinterläufe nach oben" (also gut 20 cm)...

Tastmemory
Einem Mitspieler mit verbundenen Augen wird ein Gegenstand zum Befühlen in die Hand gegeben. Es könnte ein Stück Rinde sein, ein Zapfen, ein

Stein, ein Moos, ein leeres Schneckenhaus. Dann wird der Gegenstand mit vielen anderen zusammen in einen Rucksack gesteckt, und der „Blinde" muss versuchen, ihn wieder herauszufühlen. Vielleicht hat er sogar erkannt, was er da in der Hand gehabt hat?

Beutemäuschen

Einer von euch ist das Beutemäuschen für die hungrigen Füchse. Es versteckt sich. Der einzige Hinweis zu seinem Versteck ist das Läuten eines kleinen Glöckchens, das es mitgenommen hat. Ihr könnt vorher

bestimmen, wie oft das Mäuschen läuten soll: alle 30 Sekunden, öfter, seltener. Wetten, es ist gar nicht so einfach, etwas zu finden, wenn man sich auf nichts als sein Gehör verlässt!

Insektenfarbtest

Bereitet zu Hause zwei 10 cm große Pappkreise vor, einen in Blau, den anderen in Gelb. Vor Ort bestreicht ihr sie dünn mit Honig (einfach die Finger nehmen und nachher ablecken) und legt sie am Waldrand aus. Dann haltet Abstand und schaut: Welche Insekten kommen? Wo landen sie häufiger?

Sinne-Gang

Einer von euch wird mit verbundenen Augen eine Strecke entlanggeführt, die er betasten, beschnuppern, erhören darf. Ein anderer sollte ihn dabei vorsichtig führen, damit er nicht fällt oder anstößt. Bringt ihn dann zurück an den Ausgangspunkt und nehmt ihm die Binde ab. Kann der „Geführte" berichten, wo er war?

Essen, was die Tiere essen

Es ist keineswegs zu verachten, was den Tieren schmeckt! Natürlich wollen wir euch nicht Würmer und Larven zu Mittag empfehlen, aber einige der Dinge, die auf dem tierischen Speisezettel vorkommen, könnt ihr mit Genuss in eure eigene Menüauswahl übernehmen.

So geht's

Die folgenden Rezepte sind einfach und zu Hause leicht nachzukochen. Alles, was ihr tun müsst, ist im Wald die nötigen Zutaten sammeln, die Arbeitsanweisungen gut durchlesen – und essen! Eine Warnung noch: So verlockend sie aussehen und duften, esst Beeren nicht roh. Sie könnten vor allem in Bodennähe vom Fuchsbandwurm infiziert sein. Der stirbt beim Kochen ab.

WALDBEERMARMELADE

Sammle Erdbeeren, Brombeeren und Heidelbeeren. Verbrauch sie sofort, sie beginnen schnell zu gären, vor allem wenn es heiß ist. Wieg sie ab: Pro 500 Gramm Frucht brauchst du 250 Gramm Gelierzucker Extra 2:1. Früchte und Zucker vermischst du gut in einem Topf und bringst sie unter Rühren zum Kochen. 3–5 Minuten sprudelnd kochen lassen, dabei weiterrühren. Dann füllst du die Marmelade sofort in saubere Gläser mit Schraubdeckel und lässt sie abkühlen.

NUSSMÜSLI

Jedes Müsli wird um Klassen aufgewertet, wenn du frische Nüsse aus dem Wald darüber streust. Geeignet sind Haselnüsse, Bucheckern und Walnüsse. Mach mit deinen Freunden ein Wettschälen – und freut euch, dass kein Eichhörnchen mitschält, sonst bliebe für euch nichts mehr übrig!

BUCHECKERNTALER

125 Gramm weiche Butter in einer Schüssel schaumig rühren. Zwei Eier einrühren, dann 125 Gramm flüssigen Honig dazugießen und gut mischen. 1 Prise Vanillezucker und 100 Gramm geschälte und gehackte Bucheckern zugeben. 250 Gramm Mehl löffelweise einrühren. Die Schüssel zugedeckt $1/2$ Stunde in den Kühlschrank stellen. Teig auf einer bemehlten Arbeitsfläche $1/2$ cm dick ausrollen, runde Taler ausstechen und auf ein gefettetes Backblech legen. Mit Eigelb bestreichen und im vorgeheizten Ofen bei 175 Grad etwa 15 Minuten backen. Die Plätzchen müssen goldgelb sein!

MARONENPÜREE

Diese Esskastanien kann man im Herbst sammeln. Sie werden in der Schale in Wasser weich gekocht und geschält, wenn sie etwas abgekühlt sind. Du kannst sie dann ganz essen oder zu Püree weiterverarbeiten. Besonders gut schmecken sie als Beilage zu Wild. Lustig ist es auch, sie im Kamin zu grillen.
Aber Vorsicht: Vorher anschneiden, sonst platzen sie mit Getöse auf!

BRENNNESSELGEMÜSE

Brennnesselgemüse ist ein Frühjahrsrezept. Die obersten drei, vier Blätter der jungen Pflanzen ernten – am besten mit Schere und Handschuhen, sonst brennt es! Überbrause sie zu Hause kurz und wirf sie für 30 Sekunden in kochendes Wasser. Dann stell eine kleine Pfanne auf, dünste eine fein geschnittene Zwiebel in zerlassener Butter und füge die abgetropften Brennnesseln hinzu. Immer wieder sanft wenden! Nach drei Minuten kannst du die Pfanne vom Feuer ziehen und das Gemüse salzen und pfeffern.

Zu Hause basteln

Der Wald liefert dir viele Bastel-Rohstoffe – die du sammeln und mitnehmen und mit denen du zu Hause spannende Stunden verbringen kannst. Das Ergebnis sind schöne selbst gemachte Sachen, die den unsichtbaren Stempel „Wald" tragen.

Fußspur-Druck
Übertrag eine Zeichnung deiner Lieblingstierspur auf Moosgummi und schneide sie aus. Klebe die einzelnen Teile auf ein handliches Holzblöckchen. Diesen Stempel bestreichst du mit Plakafarbe für Briefpapier oder Stoffmalfarbe für T-Shirts. Achte darauf, dass du Farbe, die auf dem Holz statt auf dem Gummi landet, sauber abwischst! Mach zuerst ein paar Probedrucke. Du kannst dabei herausfinden, wie viel Farbe du für einen sauberen, unverschmierten Abdruck brauchst. Nach jedem Druck neu einstreichen. T-Shirts sehen super aus, wenn du die Fährte vom Vorderteil über die Schulter nach hinten führst.

Laufigel
Schneide zuerst einen festen Pappkörper aus und bohre ein kleines Loch hinein. Aus Wolle bastelst du einen halben Pompon. Der Beinkreis wird ebenfalls aus Pappe geschnitten, mit einem kleinen Loch versehen, hinter den Körper gelegt und per Briefklammer durch das kleine Loch mit dem Körper so verbunden, dass man die Beine hinter dem Körper drehen kann. Zum Schluss klebst du den halben Pompon mitten auf den Igelkörper und einen Knopf in Augenhöhe. Jetzt kannst du den Igel richtig „laufen" lassen.

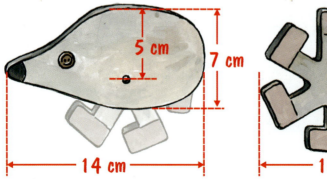

Kleine Eidechsen auf Stein

Bring flache große Steine aus dem Wald mit und kauf Pappmaché-Pulver im Bastelladen. Rühr es nach Anleitung mit Wasser an und lass es durchziehen. Zuerst wird der Eidechsenkörper aus einer 3–4 cm langen Rolle geformt, der Schwanz wird aus einer dünneren Rolle angeklebt. Dann modellierst du das Gesicht und setzt das Tier auf den Stein. Aus kleinen Kügelchen formst du Beine und klebst sie mit etwas Wasser an Körper und Stein fest. Zehen, Mund, Schuppen und Krallen kerbst du mit Messer oder Holzstäbchen ein. Rauheiten werden mit dem Finger weggeglättet. Eine Woche trocknen lassen, bemalen und lackieren. **Vorsicht:** Farbtropfen vom Stein gleich wegwischen!

Schmetterlingskunst

Für Moosgummischmetterlinge faltest du ein Stück Papier halb, zeichnest eine Schmetterlingshälfte auf, klappst das Papier wieder auf und schneidest deine ganze Vorlage aus. Die kannst du dann auf Moosgummi übertragen. Feine und fantasievolle Flügelmuster werden zurechtgeschnitten und mit Pinzettenhilfe aufgeklebt. Mit einer Anstecknadel aus dem Bastelgeschäft wird eine tolle Brosche daraus, mit Bindfaden ein schwebendes Mobile.

Blätterdruck

Pflücke besonders schöne Baumblätter. Zu Hause bestreichst du ihre Rückseite mit Schuhcreme aus einer Tube, die vorne ein Schwämmchen hat. Leg das Blatt zwischen zwei Papierseiten, streich fest darüber – und fertig ist das Briefpapier, das Geschenkpapier, der Hefteinband. Wenn du ein bisschen Übung hast, kannst du die Blätter auch auf Blumentöpfe oder Schachteln drucken.

Tierisches für zu Hause

Hier schlägt der Forscher zu! Vieles, das du im Wald gefunden hast, offenbart seine Geheimnisse erst, wenn du daheim die richtigen Forschermethoden anwendest. Außerdem geben die Tiere auch viele Möglichkeiten für Spiele daheim.

GALLEN HERAUSZÜCHTEN

Den Nistkammern für abgelegte Insekteneier, die die Baumblätter zu ihrem eigenen Schutz bilden, kannst du „Geburtshilfe" leisten: Sammel verschiedene davon im Herbst ein und häng sie luftig und kühl den Winter über in einem Gazebeutelchen aus Gardinenstoff oder Verbandsmaterial

Gallapfel von Gallwespe an Eichenblatt

auf. Ab Ende Februar legst du sie in ein Glas mit etwas feuchtem Sand, das du mit luftdurchlässiger Gaze verschließt. Nach 2 – 3 Wochen an einem mäßig warmen Platz schlüpfen kleine Gallwespen.

UNTERM MIKROSKOP

Vielleicht hast du ein Mikroskop zu Hause? Oder darfst einmal das Schulmikroskop benutzen? Vieles wird unter der vielfachen Vergrößerung erst richtig lebendig: eine Bodenprobe, ein halb zerfressenes Blatt, der Inhalt eines Eulen- oder Raubvogelgewölles, den du sorgfältig mit der Pinzette auseinander sortiert hast. Wo es geht, stell per Messer oder Rasierklinge dünne Scheibchen her, dann siehst du mehr!

WELCHES TIER IST DAS?

Für Gelächter ist gesorgt, wenn ihr euch gegenseitig Waldtiere vorspielt. Das ist gar nicht so einfach! Habt ihr genau aufgepasst, wie ein Fuchs geht, wie eine Schlange kriecht und wie ein Eichhörnchen springt? Die erste Runde geht nur mit Bewegungen, in der zweiten sind auch Geräusche erlaubt. Für jedes richtige Raten gibt es einen Punkt, und der Sieger ist hinterher König des Waldes.

ARBEIT FÜR DEN TIERAUTOR

Jedes Tier hat ein Leben, ein langes, ein kurzes, ein anstrengendes, ein schönes. Setz dich doch einmal hin, such dir ein Tier aus, das du besonders magst, und mach es zum Helden einer spannenden Waldgeschichte. Der erste Satz könnte sein: „Eines Tages fraß Wilfried das Wildschwein ein knallrotes..." Ja, was?

EXTRABLATT

Setzt euch zu mehreren zusammen und macht eine kleine Waldzeitung. Was ist heute im Wald passiert? Welche dramatischen Ereignisse hat es gegeben, welche lustigen? Vielleicht hat ein Wildschwein einen Kartoffelacker umgewühlt, zwei Hirsche haben um ein Revier gekämpft, ein Regenwurm hat sein Leben verloren und der Eichelhäher findet seine vergrabenen Vorratsschätze nicht mehr...

Mein persönliches Tierebuch

Ganz fleißige Forscher wollen ihre Arbeit auch auswerten, sammeln und für weitere Waldbesuche benutzen. Hier ein paar Tipps, wie du das Beste aus deinen Aufzeichnungen herausholst.

Im Wald auf Konzept
Vor Ort reichen Stift, Papier und schnelle Aufschriebe. Es ist wichtig, dass du nach deinen Beobachtungen das Richtige aufschreibst: Welches Tier hast du gesehen? Datum, Uhrzeit? Genauer Ort? Aussehen, Form, Farbe? Hat es Laute von sich gegeben? Hat es gefressen, wenn ja was? Wie hat es sich sonst verhalten? Schau genau hin und schreib alle Einzelheiten auf.

Daheim in die Kartei
Zu Hause kannst du das Gefundene übertragen – auf Karteikarten, für jedes Tier eine, oder in ein schönes dickes Heft oder sogar in einen Blindband, ein Buch mit leeren Seiten.

Achte darauf, dass du jedem Tier genügend Platz einräumst, sonst musst du später anstückeln. Jeder Eintrag sollte gleich aufgebaut sein.
Am besten folgst du den Überschriften deines Konzepts.

Bildmaterial
Farbiger wird es natürlich, wenn du dem Text auch Bilder beigibst. Wenn du gut zeichnest, kannst du das selber machen. Das hat den Vorteil, dass du jedes Tier so darstellen kannst, wie du es tatsächlich gesehen hast. Aber auch Kopien aus Büchern können sehr schön sein. Oder vielleicht hast du fotografiert und kannst deine eigenen Fotos einkleben?

Weitere Informationen sammeln
Aus deinen Beobachtungen können weitere Fragen entstehen. Vielleicht willst du wissen, wo das Tier, das du gesehen hast, „wohnt", welche Feinde es hat, wie es Junge bekommt. Frag deine Eltern, deinen Biolehrer, ruf den Förster an. Schlag im Lexikon nach oder geh in die Bücherei und besorg dir die passenden Bücher.

... und wieder in den Wald!
Geh zurück in den Wald und halt die Augen offen! Vielleicht siehst du dein Tier wieder, vielleicht andere dieser Art, vielleicht ganz neue, die du noch gar nicht kennst. Und schon wird dein persönliches Tierebuch wieder dicker. Und sicher ist eins: Je mehr du vorher weißt, desto mehr siehst du tatsächlich, wenn du vor Ort bist.

Tiere erkennen

Vom kleinsten Krümel Erde
bis zum luftigen Wipfel:
Überall gibt es Tiere.
Lass deinen Blick
wandern, nimm dir Zeit.
Halt – was war das?
Ein Eichhörnchen oder
doch ein Baummarder?
Und was raschelt
da im Laub? Schleich
dich ganz vorsichtig
an und schau nach…

Im und am Boden

Das, was unter deinen Füßen ist, ist ein Lebensraum von größter Wichtigkeit für den Wald. Da wimmelt und wuselt es, da findet Leben statt! Ohne die winzigen Tiere im Bodenbereich könnte der Wald nicht existieren.

Waldarbeiter

Hauptaufgabe der Kleinlebewesen ist die Bewältigung der Riesenmenge Abfall, die der Wald produziert: Abfall an Holz, Laub, Nadeln und Tierleichen. Sie zersetzen ihn und wandeln ihn unermüdlich fleißig in beste neue Erde um, den wertvollen nährstoffreichen Humus. Diesen arbeiten sie in den Boden ein und stellen damit die Bedingungen für neues Wachstum. Schau dir die Blätter am Boden genau an: Am Fraßbild kannst du sehen, wer hier für den Wald tätig war.

◀ **Fensterfraß**
*Kleine runde Löcher
→ Zweiflüglerlarven.*

Kästchenfraß ▶
*Die obere, härtere Blattseite bleibt stehen, die untere wird zersetzt
→ Milben, Springschwänze.*

◀ **Lochfraß**
*Nur die Blattrippen bleiben stehen
→ Schnecken.*

Was lebt da?
Ein Erdklumpen von 1 x 1 m und 30 cm Tiefe ist gar nicht groß. Aber voll:
- 1 000 000 Fadenwürmer
- 100 000 Milben
- 50 000 Springschwänze
- 10 000 Borstenwürmer
- 100 Käfer/Larven
- 100 Zweiflüglerlarven
- 80 Regenwürmer
- 50 Asseln
- 50 Spinnen
- 50 Schnecken

Bakterien und andere Mikroorganismen gar nicht mitgerechnet!

Feine Unterschiede

Insekt		Hundert-/Tausendfüßer	
6 Beine 3 Körperabschnitte 2 Fühler meist Flügel		mindestens 30 Beine mindestens 15 Körperabschnitte 2 Fühler keine Flügel	
Spinnentier		**Krebstier**	
8 Beine 1–2 Körperabschnitte keine Fühler keine Flügel		Und sage keiner, Krebstiere gäbe es im Wald nicht! Asseln beispielsweise sind Krebstiere: mit Kiemen plus Behelfslungen an den Beinen.	14 Beine meist 14 Körperabschnitte 4 Fühler keine Flügel

Seltsame Namen

Hast du schon einmal den Namen Pseudoskorpion gehört? Dieses 2–4 mm kleine Spinnentier fängt Springschwänze und Staubläuse, verflüssigt sie vor dem Mund und saugt sie über eine Art Pumpe in sich hinein. Oder Wolfsspinne? Der 6 mm große Jäger fängt ohne Netz, nur durch Anpirschen und Rennen. Halt Ausschau nach ihm: Ab Frühsommer trägt er einen papierartigen Kokon am Hinterleib, danach ist er bedeckt von einer Wuselmenge kleiner Spinnchen.
Oder Drahtwurm? Diese gelblichen Schnellkäferlarven haben ihren Namen deshalb, weil sie mit Pilzen mitgesammelt und mitgekocht im Mund hart wie Draht werden.

Wolfsspinne mit Kokon

Vorsichtig abheben

Untersuch ein Stück Laubstreu, das du hochhebst. Welche Lebensformen kannst du darin entdecken? Welche siehst du in der freigelegten Erde? Beobachte sie in deinem Insektenglas.
Hochinteressant ist auch ein Waldbodenaquarium. Heb am besten im Frühjahr ein Stückchen Waldboden, Laubstreu und Totholz in ein breites Glasgefäß. Deck es zu und halt es feucht. Du wirst staunen, was da alles zu krabbeln und keimen beginnt!

Regenwurm und Springschwanz

Hier kommen zwei der unscheinbarsten und doch aktivsten Bewohner der „Fußbodenetage": der altbekannte und leider viel zu wenig beachtete Regenwurm sowie der quicklebendige winzigkleine Springschwanz.

Hochleistungsgraber

Die Regenwürmer fressen enge Röhrengänge durch den Boden und ziehen Pflanzenreste hinein. Ihre Hauptnahrung sind also faulendes Laub und Erde. Unverdauliches wird als Kothäufchen abgesetzt, die sehr viele Mineralstoffe enthalten – wertvoller Naturdünger. Die Röhren kleiden die langen Würmer mit Schleim und ebenfalls Kot aus, die trocknen und dem System Festigkeit verleihen.

Frage	Antwort
Wo ist eigentlich beim Regenwurm vorne und hinten?	Ganz einfach, der deutlich sichtbare verdickte Fortpflanzungsgürtel ist immer im vorderen Drittel.
Warum kommt der Regenwurm bei Regen heraus?	Er lebt zwar in der feuchten Erde, weil er an der Luft auf Dauer austrocknen würde – aber zu viel Wasser in seinen Wohnröhren und er muss ertrinken! Also flieht er.
Stimmt es, dass beide Hälften des Regenwurms überleben können, wenn er gespalten wird?	Nein. Es kann immer nur die vordere Hälfte überleben, und auch nur dann, wenn sie mindestens 40 der maximal 150 Körperringe umfasst. Sie bildet dann das Ende neu.

Ein Ur-Insekt

Der Springschwanz gehört zu den Zwischentieren, die wie Insekten aussehen, denen aber die Flügel fehlen. Sie sind älter und urtümlicher als die Fluginsekten, und auch unentwickelter gebaut – als wären sie eigentlich eine Vorform der Insekten, die ausgestorben sein müsste.

Es gibt viele Springschwanz-Arten, manche kaum einen halben Zentimeter lang, die unterirdisch lebenden kaum einen Millimeter. So unterschiedlich sie aussehen, ihr Grundaufbau ist immer derselbe: 2 Fühler, Kopf, Brust mit sechs Beinen, Hinterleib, Kopfkapsel mit tief versenkten Mundwerkzeugen. Die auffälligste Gemeinsamkeit ist ein Hinterleibsanhängsel, das sonst kein Insekt hat: die Sprunggabel. Das ist ein zweizinkiger Fortsatz, der normalerweise in einem „Gabelhalter" am Bauch festgeklemmt ist. Bei Gefahr aktiviert das Tier starke Hinterleibsmuskeln, die es einige Zentimeter vorwärtsschleudern. Beachtlich bei einem derart winzigen Geschöpf! Wärst du so stark, müsstest du gute 20 m springen!

> **Achtung Sprung!**
> Wenn du die Laubstreu vorsichtig abhebst, wirst du sicher Springschwänze sehen, bei einer Zahl von 17 000 (Buchenwald) bis 68 000 (Fichtenwald) pro Quadratmeter. Beobachte ihre Sprünge!

Schnecke und Ameise

Sie sind weder eklig noch gefährlich, diese Krabbler und Kriecher der Laubstreuschicht. So plump sie aussieht, die Schnecke hat ein paar tolle Tricks auf Lager. Und die Ameise ist sowieso der Leistungssportler und Waldwächter pur.

Hainbänderschnecken

Rote Wegschnecke

Haus oder nicht Haus?
Die Frage ist falsch, sie haben nämlich alle eins. Das der Nacktschnecken siehst du nur nicht; es ist ein unter der Haut verborgenes, verkümmertes Kalkplättchen. Das große auf dem Rücken getragene Haus wächst, indem laufend Zuwachsstreifen an der Gehäusemündung gebildet werden. Dann kommen so hübsche braun gesprenkelte 2-cm-Spindeln wie die der Baum-Schließmundschnecke heraus, oder so perfekte zartgelbe Kugeln wie die der Weißmund-Bänderschnecke. Die kann übrigens auch astrein klettern, bis hinauf in die Wipfel, wo sie Blätter und Früchte weidet. Dazu legt sie einen Schleimteppich den Baumstamm hinauf, auf dem sie gleiten kann. Am Boden bevorzugen viele Schnecken als Leckerbissen vermodernde Pflanzenteile oder Algenbewuchs.

Weißmund-Bänderschnecke

Baum-Schließmundschnecke

Deckel drauf: Trockenstarre
Schnecken brauchen Feuchtigkeit, sonst trocknen sie aus. Wird es zu heiß und trocken, schützen sie sich, indem sie ihr Gehäuse mit einer Kalkplatte verschließen. Nacktschnecken müssen sich dann im Boden, in Steinspalten und unter Stubben vergraben. So überwintern sie auch.

Ameisenfleiß

Sicher weißt du, dass Ameisen in bis zu 1 m hohen Bauten Staaten bilden. Oft wohnen eine Million Tiere zusammen in Gängen, Vorratskammern und Kinderstuben, die tief in die Erde hinunterreichen. Hier herrscht eine Königin, die einzige Ameise, die im Bau Eier legt. Die anderen Weibchen sind Arbeiterinnen, die Nahrung heranschaffen müssen, den Bau verteidigen und „renovieren", die zahllosen Eier, Larven und Puppen betreuen.

Exportartikel

Eine Waldameisenkolonie kann bis zu 100 000 Insekten und Larven pro Tag vertilgen. Damit werden viele Schädlinge im Wald im Zaum gehalten. Außerdem brauchen sie ständig Nadeln und Pflanzenreste für ihren Bau: eine perfekte Waldputzkolonne. Auch viele Samen wie der des Veilchens werden von der Ameise verbreitet. Sie mag die ölhaltigen Anhängsel der Samenkapsel, deswegen schleppt sie die Samen weit durch den Wald, um sie zu fressen. Auch Blattläuse, deren Zuckersaft sie an den Nachwuchs verfüttert, trägt sie durch den Wald zu besserer Nahrung. So nützlich ist die Ameise, dass Kolonien bis Kanada und Korea exportiert werden, um dort den Wald aufzuräumen.

Zuckerschlecker
Schätz einmal, wie viel Liter Zuckersaft eine Kolonie Roter Knotenameisen im Jahr braucht? 500 Liter!

Knotenameise

Auf dem Boden

Wer ist zu Fuß, zu Huf, zu Pfote auf dem Waldboden unterwegs? Die Krautschicht, die dir vielleicht bis zum Bauch geht, ist ein Lebensraum, der eine Menge interessanter Tiere beherbergt: klein, größer und ganz groß ...

Ohne Beine gut zu Fuß
Kannst du eine harmlose Ringelnatter von einer giftigen Kreuzotter unterscheiden?

Ringelnatter

Kreuzotter

- Gelbe Halbmonde am Hinterkopf
- 80–150 cm lang
- Runde Pupille
- Lebt an feuchten warmen Orten, mag Tümpel im Wald, schwimmt und taucht gut.
- Legt Eier, Junge schlüpfen im August/September.

- V-Zeichen am Kopf, Zickzackband auf dem Rücken
- 60–85 cm lang
- Senkrechte Pupille
- Mag es warm und sonnig: Waldlichtungen, Waldränder. Schwimmt ungern.
- Bringt im August 5–18 lebende kleine Schlangen zur Welt.

◀ *Übrigens: Die dunkelbraune **Blindschleiche** wird oft erschlagen, weil sie einer Schlange gleicht. Ist sie aber nicht! Sie ist nur eine Eidechse ohne Beine.*

Echsen, Kröten, Frösche, Spinnen

◀ Gar nicht so scheu wie ihre braune Schwester, die Waldeidechse, ist die hübsche grün schillernde **Zauneidechse**. Du findest sie häufig beim Sonnenbaden an Waldrändern. Niemals am Schwanz packen – sie wirft ihn bei Gefahr ab!

Der knallgrüne **Laubfrosch** ist der „baumigste" ▶ der Waldfrösche. Mit Hilfe der Haftscheiben an Fingern und Zehen kann er Büsche und sogar Bäume beklettern. Dank der großen Schallblase am Kinn hörst du seinen Paarungsruf, ein lautes „Äpp-äpp-äpp", sehr gut.

◀ In Bodennähe findest du auch viele Spinnennetze. Schau genau hin: Ein waagrechtes mit Stolperfäden zum Boden gehört der Haubennetzspinne. Ein Stolperfädengewirr nach oben und unten signalisiert eine **Baldachinspinne**. Im Herbst siehst du sie zu Tausenden tauglitzernd am Waldboden.

Geweih

Nur die männlichen Hirsche und Rehe, also die Böcke, tragen ein Geweih. Sie nutzen es als Waffe. Im Unterschied zu Hörnern, die lebenslang auf dem Kopf bleiben, wird das Geweih jedes Jahr abgestoßen und wieder neu und größer gebildet. Die beiden Knochenzapfen, aus denen es sprießt, heißen Rosenstöcke. Die wachsenden Geweihhälften sind mit einer blutgefäßreichen haarigen Haut überzogen, dem Bast. Erst wenn das Wachstum für das jeweilige Jahr abgeschlossen ist, trocknet der Bast ein und muss an Bäumen abgescheuert werden. Dann ist das Geweih tagelang blutbefleckt.

Maus und Dachs

Flinke Füße, spitze Krallen, Schnüffelnasen, ein Rascheln im dämmrigen Laub: Da kann etwas ganz Kleines unterwegs sein, oder auch etwas ziemlich Großes: Maus und Dachs.

Maus ist nicht gleich Maus

Es gibt drei Mäusearten, die sich den Waldboden teilen: die Rötelmaus, die Gelbhalsmaus und die Waldmaus. Dabei täuscht der Name; die eigentliche Waldmaus ist nicht die Waldmaus, sondern die Gelbhalsmaus! Sie wohnt im Waldinnern, während sich die Waldmaus eher am Waldrand und auf Lichtungen aufhält. Die beiden wollen ihr Revier nicht teilen und sich auch nicht begegnen. Sperrt man sie zusammen, bekämpfen sie sich heftig.

Spitzenmutter

Da Mäuse beliebte Beute für viele größere Jäger sind, müssen sie sich rasch vermehren – mit drei, manchmal sogar fünf Würfen im Jahr. Jede Maus hat also rund 20–35 Junge pro Sommer, die in wenigen Wochen erwachsen sind und selber Junge bekommen können.

	Gelbhalsmaus	**Waldmaus**	**Rötelmaus**
Aussehen	Gelber Kehlstreifen am weißen Bauch, Rücken sandbraun mit orangefarbenen Seiten. Große Ohren.	Ähnlich wie die Gelbhalsmaus, aber kleiner. Am Bauch nur ein gelber Brustfleck.	Fuchsrotes Fell, unten grau. Kurzer Schwanz, kleine Ohren. Perfekte Laubtarnung!
Körperlänge	9–12 cm	8–10 cm	9–11 cm
Schwanzlänge	9–14 cm	7–11 cm	4–6 cm
Gewicht*	20–45 g	20–30 g	20–40 g
Nahrung	Samen, Früchte, Nüsse, Insekten, Schnecken	Samen, Früchte, Nüsse, Insekten, Schnecken	Früchte, Wurzeln, Blätter, Rinde, Pilze (auch giftige!), Insekten
Besonderheiten	Klettert hervorragend, manchmal bis zu 20 m hoch in Wipfel. Schwanz eingepackt in abreißbare Haut → Flucht möglich!	Großer Aktionsraum: Ausflüge bis 400 m vom Bau. Sehr neugierig! Kann wie ein Känguru springen.	Wühlmaus: Macht Gänge unters Laub. Geht nicht weiter als 100 m vom Bau weg. Auch tagaktiv.

* (10 g = 3 Würfelzucker)

Wohnbaukünstler

Der Dachs ist nicht klein: Rund 10 kg Gewicht verteilt er auf 60 – 80 cm Länge. Er hat extrem starke Vorderpfoten mit Riesenkrallen, richtige Grabeschaufeln. Die braucht er auch, um die mehrstöckige Dachsburg in
die Erde zu wühlen. Sie liegt oft an bewaldeten Hängen, kann bis zu 40 Eingänge haben und 5 m tief unter die Erde reichen.

Familienmensch

Bis zu 15 Tiere können zu einer Großfamilie Dachs gehören, einige erwachsene Männchen und Weibchen plus ein bis zwei Würfe Junge. Da die Dachsaugen schlecht sind, muss die Dachsnase hervorragend funktionieren; die Familienmitglieder erkennen sich gegenseitig am Geruch. Das verstärken sie, indem sie sich gegenseitig parfümieren: Ein Dachs drückt sein Hinterteil mit hochgeklapptem Schwanz an den anderen Dachs und reibt aus einer Unterschwanzdrüse Duftstoff über ihn.

Würmerschlürfen

Die scheuen, tappigen Tiere fressen alles, Fleisch wie Pflanzen. Würmer saugen sie förmlich ein! Willst du sie beobachten, versteck dich in der Nähe der Burg und warte die Dämmerung ab. Dann kannst du auch junge Dachse sehen. Spielen, herumtollen, die Krallen am Kratzbaum wetzen und sich gegenseitig das Fell lecken tun sie für ihr Leben gern.

Daran erkennst du eine Dachsburg

- In der Nähe wachsen Holunderbüsche und Nesseln.
- Kotplatz mit vielen aufgescharrten Löchern für die Losung.
- Große Haufen aufgeworfene, hart gewordene Erde an Eingangslöchern.
- Kratzbaum in der Nähe.
- Enge ausgetretene Pfade, die immer wieder benutzt werden: Dachswechsel.

Fuchs und Wildschwein

Hier kommen die Klassiker des Waldes: zwei der beliebtesten und bekanntesten Bewohner. Es lohnt sich unbedingt, Rotpelz und Schwarzkittel einmal genauer anzusehen.

Vielseitig, hübsch und schlau
Der Fuchs ist ein Überlebenskünstler. Er passt sich seiner Umgebung perfekt an, schon durch sein laubfarbenes Pelzkleid mit den silbrigen Haarspitzen. Er frisst alles, von der berühmten Gans bis zu Obst und Aas. Er ist schnell, wendig, listig, er sieht hervorragend, hört nicht minder gut und riecht noch besser.

Gemeinsam plus allein
Wenn du einen Fuchs siehst, dann ist er meist allein. Das heißt, er ist auf der Jagd; das tut er nicht mit anderen. Dennoch lebt er lose im Familienverband, zu dem Rüde (Männchen), Fähe (Weibchen) und Welpen (Junge) gehören. Nur ganz am Jahresanfang jagen und wandern Rüde und Fähe drei Wochen lang gemeinsam, dann sind sie in der Paarungszeit. Im Frühjahr kommen 4–6 graubraune blinde Kleine zur Welt. Sie haben blaue Augen, die sich erst nach vier Wochen zu dem charakteristischen leuchtenden Bernsteingelb umfärben. Auch ihr dunkles Fellkleid muss erst rot werden. Die Füchsin ist eine fürsorgliche Mutter. Vier Wochen lang säugt sie die Jungen und verlässt den Bau dabei sehr selten.

Raus hier!
Ab September sind die jungen Füchse erwachsen. Die Rüden gründen eigene Reviere, die Fähen dürfen noch im Bau verbleiben. Manch ein junges Männchen wird mit Gewalt vor die Tür gesetzt – weil es lieber noch geblieben wäre! Im Bau lagern Füchse übrigens nur während der Wurf- und Aufzuchtzeit. Ansonsten haben sie Lager an geschützten Plätzchen über der Erde.

Schwarzhaar-Schwein

Kaum zu glauben, dass das der wilde Bruder unseres rosaroten Hausschweins ist! Wildschweine mögen morastigen Wald, denn sie müssen sich suhlen. Das hat nichts mit Dreckigmachen zu tun, sondern im Gegenteil mit Saubermachen, mit Fellpflege und dem Loswerden lästiger Parasiten. Getrocknet und verkrustet ist der Schlamm-Mantel dann ein Schutz gegen stechende Insekten.

Wildschwein
- kurzes hartes Borstenfell
- schwarz
- gerader Schwanz mit Quaste
- bis 1,80 m Länge
- bis 1,10 cm Schulterhöhe
- bis 200 kg Gewicht
- 114–140 Tage Tragzeit, 3–6 Ferkel, manchmal bis zu 12

Hausschwein
- praktisch nackte Haut
- rosa, weißlich
- Ringelschwanz, spitz zulaufend
- bis 2,10 cm Länge
- bis 1,30 cm Schulterhöhe
- bis 500 kg Gewicht
- 115 Tage Tragzeit, 8–12 Ferkel

Starke Schnauze

Da das Wildschwein die Nahrung hauptsächlich aus der Erde pflügt (ungefähr alles, auch Mäuse und Lurche!), braucht es einen spitzen Wühlrüssel. Auch die Eckzähne, die Hauer, helfen graben. Dabei schreckt das Wildschwein auch vor Kartoffeläckern nicht zurück!

Vorsicht!
Eine Bache mit Frischlingen kann sehr angriffslustig sein. Halte dich unbedingt von dieser fürsorgenden Wildschweinmutter fern! Komm auch der tiefen Lagerkuhle nicht zu nahe, die das Tier zum Werfen angelegt hat. Die hübsch gestreiften, quicklebendigen Jungen werden dort zwei Monate lang gesäugt; jedes hat dabei seine eigene Zitze.

In Busch und Baum

Augen auf und Blick nach oben! Der Lebensraum über deinem Kopf ist ein sehr reicher und gehört keineswegs nur den Vögeln. Eine Menge Vierfüßer und Insekten leben, jagen oder fressen hier.

Auf nach oben
Der Lebensraum zwischen Himmel und Erde beginnt direkt vor deiner Nase, in den Sträuchern, und er endet hoch oben in den Wipfeln, die du nicht mehr erreichen kannst. Versuch nicht, es dem Eichhörnchen nachzumachen, Stürze sind lebensgefährlich! Aber einen starken Baum mit festen Seitenästen kannst du dir schon suchen, in deren Gabelung du bequem sitzen kannst. Dann fang einmal an zu zählen: Wie viele verschiedene Tierarten siehst du von hier? Wenn du dir Zeit nimmst und still bleibst, wirst du selber ein Teil dieser grünen Welt, ein kleines Geschöpf zwischen Holz und Luft.

> **Baum**
> Holzgewächs mit einem einzigen Stamm als Mittelachse, aus der die Zweige herauswachsen.
>
> **Strauch**
> Holzgewächs, das sich gleich am Boden in mehrere stammartige, dünnere Seitenachsen teilt = Busch.

Sechsbeiner und Achtbeiner
Viele Käfer und Spinnen haben ein luftiges Revier.

◀ *Der **Große Puppenräuber**, der grünmetallic glänzt, als wäre er lackiert, jagt auf Büschen und Bäumen. Weil er besonders gern Baumschädlinge frisst, hat man ihn sogar schon zur Raupenbekämpfung in die USA exportiert: Hilfe ganz ohne Gift!*

Dem 2–4 mm kleinen schwarzen Rüsselkäfer mit dem Namen **Birkenblattroller** musst du einmal zusehen! Die Weibchen bauen für ihre 1–6 Eier eine Birkenblatt-Tüte als Kinderzimmer. Da werden Kurven gestanzt, da wird Blattgrün gerollt, genietet und genäht. Ab Mitte Juni fallen die Trichter zur Erde.

Die **Riesenholzwespe** mag am liebsten Nadelbäume. Die Weibchen drillen mit einem 1 cm langen Bohrstachel in 10–15 Minuten tiefe Löcher, durch die sie Eier ins Holz ablegen. Drei Jahre dauert es, bis die jungen Wespen „fertig" sind!

Zwischen Blätter und Knospen webt auch die **Kürbisspinne** ihr handtellergroßes Netz. Ihr Hinterleib ist knallig gelbgrün, sodass du sie trotz ihrer 4–6 mm Kleinheit gut sehen kannst.

Zweibeiner und Keinbeiner

Vögel haben ja nicht nur zwei Flügel, sondern auch zwei Beine, und es gibt eine Menge von ihnen, die du in den Bäumen auf den Beinen unterwegs sehen kannst. Da ist zum Beispiel der Kleiber mit seinem rötlichen Bauch und seinem blaugrauen Rücken. Er ist ein flinker Kletterer, gern auch kopfabwärts. Seine Nistlöcher erkennst du daran, dass er Spechthöhlen oder Stammrisse mit Lehm kleiner schmiert.
Vögel wie die Mönchsgrasmücke sitzen in den Kronen, um zu singen, am liebsten morgens. Vögel wie der Fichtenkreuzschnabel fressen in den Kronen, indem sie Zapfen nach Samen knacken.

Raupe und Siebenschläfer

Um diese beiden Bewohner der Bäume zu finden, musst du genau hinsehen und lautlos beobachten: Die einen sind gut getarnt, die anderen scheu – und verschlafen.

Verwandlungskünstler

Raupen sind eigentlich keine Tierart, sondern nur ein Entwicklungsschritt im Erwachsenwerden von Käfern oder Schmetterlingen. Man nennt das Metamorphose: Aus dem Ei schlüpft nicht ein Mini-Insekt, sondern eine Larve, die völlig anders aussieht als die Eltern und die auch andere Nahrung braucht. Mit dem nächsten Wachstumsschub verwandelt sich die Schmetterlingsraupe dann wiederum nicht in das fertige Insekt, sondern in eine Puppe, die sich in einen Kokon verspinnt. Wenn dieser platzt, kommt das erwachsene Insekt zutage.

Wie wehrt man sich als Raupe?

So eine fette Raupe ist ein Leckerbissen ... wenn sie sich denn fressen lässt. Manche schützen sich durch perfekte, dem Blatt oder der Rinde angepasste Tarnung, andere durch grelle, gefährliche Signalfarben, die dem Angreifer mitteilen: Vorsicht, Schnabel oder Schnauze weg! Wieder andere sondern Giftstoffe ab oder haben lange, spitze Giftstacheln. Und eine vierte Taktik ist der Sprung in die Tiefe: Am Seidenfaden lassen sich die Raupen ab, wirbeln in der Luft hängend um ihre eigene Achse, bis sie praktisch unsichtbar werden.

◀ *Bürstenbinderraupe*
- *Aussehen:* Sehr lange dunkle Stacheln, kleine rote Punkte am ganzen Körper, vier große gelbgrüne auf dem Rücken.
- *Besonderheiten:* Geschlüpfte Weibchen haben Stummelflügel, mit denen man nicht mehr fliegen kann. Sie bleiben auf den Kokons sitzen, werden dort befruchtet und kleben die Eier auf den Kokon.

Buchenspinnerraupe
- **Aussehen:** Braun, mit spinnenartig verlängerten Brustbeinen und vier verdickten Hinterbeinpaaren. Kopf übergroß verformt.
- **Besonderheiten:** In Ruhe- oder Schreckstellung wird das Hinterteil wie ein gefährlicher zweiter Kopf hochgeklappt.

Kiefernschwärmerraupe
- **Aussehen:** Grünlich grau mit dünnen schwarzen Tigerstreifen, weißen Längsstreifen und roten Punkten.
- **Besonderheiten:** Fressen Nadeln.

Nagelfleckraupe
- **Aussehen:** Jungraupen dünn und hell, mit rot-weiß geringelten gegabelten „Geweihen".
- **Besonderheiten:** Gehören zu den Nachtpfauenaugen.

Kleiner Eisvogel
- **Aussehen:** Grün, zwei Reihen rote Dornen auf dem Rücken.
- **Besonderheiten:** Gefährdet! Überstehen den Winter in einer kleinen Blatttüte, die sie mit Seidenfäden an Zweigen festspinnen. Lieblingsspeise: Waldgeißblatt an Wegen und Waldrändern.

Kein graues Eichhörnchen

Der Siebenschläfer gehört nicht zu den Hörnchen, sondern zu den Bilchen, deren größter und häufigster er ist. Sein Name kommt von dem langen Winterschlaf, den er von Oktober bis April hält. Dazu frisst er sich fast das doppelte Gewicht an: von 100–120 g auf immerhin 200 g! Im Winterschlaf schlägt sein Herz 35-mal pro Minute, im Wachen 450-mal; seine Körpertemperatur sinkt von 35 auf bis zu 1 Grad.
Er mag auch Gebäude sehr gern. Auf Dachböden in Waldnähe kannst du die gesellige Familie Siebenschläfer nachts lärmen hören.

Marder und Specht

Zwei gut aussehende Gesellen sind hoch oben in den Bäumen unterwegs. Der Marder ist ein Räuber von unglaublicher Schnelligkeit und Kletterkunst, der Specht ein Musikant, der die Waldtrommel spielt.

Steinmarder

Baummarder

Scheu und selten

Marder meiden Menschen; du wirst sie also eher nachts rascheln, flitzen und ihr tiefes „Eff" ausstoßen hören, als sie zu sehen. Sie sind knapp katzengroß und haben ein dichtes braunes Fell mit einem hellen Kehlfleck. Während der Baummarder niemals in offenes Gelände geht, verlässt sein kleiner Bruder, der Steinmarder, durchaus den Wald, denn bei den Menschen gibt es Hühnerställe und Taubenschläge ...

Alleskönner

Beide Marder klettern hervorragend, können aber auch schwimmen. Am Boden machen sie weite, schnelle galoppierende Sprünge. 1,50 m sind für einen Steinmarder kein Problem! Der Baummarder ist neben dem Habicht der Einzige, der wendig und flink genug ist, ein Eichhörnchen zu jagen.

Den Winter ausgetrickst

Die Baummarderfähe, das Weibchen also, ist fast neun Monate lang trächtig. Die Eier wachsen allerdings nur ein Vierteljahr lang. Die Paarung der Eltern findet im August/September statt. Würden die Jungen nach den entwicklungsgemäß nötigen drei Monaten geboren, fiele das mitten in den Winter, wo sie schlechte Überlebenschancen haben. Also „bewahrt" die Mutter sie so lange auf, dass sie ins nahrungsreiche, warme Frühjahr hineingeboren werden können.

Specht ist nicht gleich Specht
Es gibt zweierlei Sorten Spechte, je nach der Nahrung, die sie bevorzugen:

Erdspecht
Er sucht Nahrung am Boden: Ameisen, Insekten, Larven. Um sie zu fangen, schießt die bis zu 10 cm lange widerhakenbesetzte Klebezunge vor, durchaus direkt in den Ameisenbau hinein, sammelt, was an ihr festklebt und zieht sich wieder ein. Dafür gibt es einen extra Rückholmuskel.

◀ *Grünspecht*
- *grüner Rücken, gelber Rückenfleck, roter Scheitel*
- *Ruf: „Klüklüklük", abfallende Reihe*

▲ *Grauspecht*
- *graugrün wie Buchenstämme*
- *kleiner roter Scheitel*
- *Ruf: „Klüklüklük", abfallende Reihe*

Hackspecht
Seine Nahrung sind Insekten und Larven, die unter der Rinde und im Holz der Bäume leben. Auf der Suche nach ihnen schlägt er tiefe Löcher ins Holz. 8- bis 12 000-mal am Tag hämmert er dafür. Dennoch bekommt er kein Schädelbrummen: Seine Schädelknochen sind gewaltig verstärkt und schützen Gehirn und Augen. Um dabei sicheren Halt zu haben, krallt er sich tief in die Rinde. Vier kleine scharfe Dolche an den Zehen – zwei nach vorn und zwei nach hinten – verankern ihn dabei.

◀ *Buntspecht*
- *schwarzweiß mit rotem Bauch*
- *Ruf: scharfes „Gixgix"*

Schwarzspecht ▶
- *einfarbig schwarz mit rotem Scheitel*
- *Ruf: immer schneller werdendes „Kwihkwih"*

In der Luft

Der Luftraum des Waldes ist bevölkert von vielen Tieren. Kein einziges allerdings hält sich ständig dort auf; alle Flieger ruhen und nisten entweder am Baum oder auf dem Boden.

Vieles fliegt!
Natürlich, Vögel sind in der Luft unterwegs. Aber auch die meisten Insekten haben Flügel, egal ob Käfer, Wespe oder Schmetterling, und es gibt sogar fliegende Säugetiere, die Fledermäuse nämlich.

Was genau fliegt da?

Singvögel

◀ *Turteltaube*
Kleinste Wildtaube hier zu Lande, 28 cm. Geht nie in Städte. Rostfarben gefleckt, Bauch fast lila. Männchen ruft gurrendes „Turr-turr-trurr".

Gimpel ▶

Lebhafte schwarz-weiß-rote Färbung. Wurzel- und haargepolstertes Nest in geringer Höhe. Leben meist paarweise, knipsen mit starkem Schnabel gern Knospen ab.

◀ *Gelbspötter*
Rücken oliv, Bauch helles Gelb, singt gern aus Baumkronen und macht dabei andere Vögel nach. 13 cm.

▶

Tannenmeise
Unauffälliger grauweißer Vogel von 12 cm. Brütet in Höhlen von Nadelbäumen, zur Not sogar in Stubbenlöchern und Mauslöchern.

Raubvögel

Habicht ▶

Langer Schwanz, Flügelspannweite von ca. 1 m. Weibchen 10 cm größer als Männchen: 60 cm!

◀ Raufußkauz

Kleine Eulenart (25 cm) mit rundem Kopf und leuchtgelben Augen. Männchen auf Brautschau singen im Vorfrühling nachts „Bubububu".

Baumfalke ▶

Eher klein (36 cm), aber mit langen schlanken Flügeln und rostroter „Hose". Spielt gern im Kunstflug oder Sturzflug.

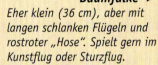

◀ Waldohreule

Hat Federohren und orangerote runde Augen. 34 cm. Männchen stößt alle 2–3 Sekunden dumpfes „Buh" aus.

Insekten

◀ Hornisse

2,5–3 cm lang, rotbrauner Kopf. Baut Waben aus zerkautem Holz und Speichel, leckt gern Baumsäfte.

Baumhummel ▶

Pelzig behaart mit leuchtrotem Rücken. Oberirdisches Nest in Baumhöhlen oder Eichhörnchenkobeln.

◀ Bienenwolf

Grabwespe, die Bienen im Flug packt, mit einem Stich lähmt, ihnen den Inhalt des Honigmagens herausquetscht und aufleckt. Lebt in Sandböschungen.

Großer Schillerfalter

Männchen glänzend metallicblau. Lebt hoch in den Baumkronen, kommt aber vormittags zu Pfützen und feuchtem Kot, um Wasser und Salze aufzunehmen.

▶

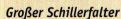

Zitronenfalter und Fledermaus

Hier sind gleich zwei sehr hübsche, beobachtenswerte Nichtvögel! Du wirst sofort zustimmen, dass der zarte Zitronenfalter ein schönes Tier ist – aber die ebenso zarte, pelzige kleine Fledermaus ist es auch.

Der Opa unter den Schmetterlingen
Der Zitronenfalter hält den Rekord: Kein anderer Schmetterling bei uns wird so „alt", 9–10 Monate nämlich. Das schafft er nur, weil er im Sommer nach dem Schlüpfen eine Ruhepause einlegt, dasselbe im Winter.

Lebensdauer der Schmetterlings-Entwicklungsstadien

Ei	Einige Tage – 5 Monate
Raupe	1 Monat – 3 Jahre
Puppe	1 Woche – 7 Jahre (!)

Blatt mit Gürtel
Die Puppe wird von den Zitronenfalter-Raupen mit dem Hinterende an ein Blatt angesponnen. Damit sie nicht abstürzt, wird sie zusätzlich mit einem feinen, aber starken Gürtelfaden mitten um den „Bauch" gesichert.

Gelb und Grün
Die Männchen tragen die Farbe, nach der sie heißen; die Weibchen haben hellgrüne bis weißliche Flügel. Die einzeln abgelegten, dornartig spitzen Eier sind gelblich, die Raupen leuchtend hellgrün, die Puppen zartgrün. Eine ideale Tarnfarbe im Blätterwald!

Die Flügel-Maus?
Fledermäuse sind Säugetiere. Dass sie dennoch fliegen können, liegt an der dünnen, starken Flughaut, die sich zwischen Arm- und Beinknochen aufspannt. Für die nötige Flügellänge sorgen die vier Finger, die überlang und dünn in den Flügel integriert sind. Lediglich der krallige Daumen hat mit dem Fliegen nichts zu tun, er dient als Kletterhilfe. 5 m/sec, also 18 km/h schafft eine Fledermaus leicht; bei manchen wurden schon 50 km/h gemessen.

Jagdmeister
Kurz vor der Dämmerung kommen die typischen Wald-Fledermäuse, die Abendsegler, aus ihren Baumhöhlen. Ihre Spannweite kann bis zu 36 cm betragen. Die ständigen Ortungsschreie, deren Echo ihnen Hindernisse oder Beute anzeigt, sind so lang und so tief, dass Menschen sie noch wahrnehmen können. Bei den anderen Fledermausarten kann das nur ein Ultraschall-Detektor.

Großes Mausohr, Winterquartier

Wochenstuben und Winterquartier
Im Sommer werden große Baumhöhlen, aber auch Nistkästen und Dachböden für viele Weibchen zum Kinderzimmer. Menge wärmt – und so wird gemeinsam geboren und gesäugt.

Die Kleinen müssen dabei früh lernen, sich anzuklammern, sonst stürzen sie und sterben.

Gar nicht gruslig!
Versuche unbedingt an einer Fledermausführung teilzunehmen oder eine Schutz- und Pflegestation zu besuchen. Der Naturschutzbund bietet beides an. Mittels Schallübersetzer werden die Ortungsschreie hörbar gemacht und du lernst den Flug einer Fledermaus bestimmen.
Meist darfst du sogar eine streicheln – sie sind ganz zart und weich, und überhaupt nicht gruslig!

Eichelhäher und Waldkauz

Ein lebhafter, lauter Tagvogel und ein geheimnisvoller, lautlos fliegender Nachtvogel – der Luftraum gibt zu jeder Tageszeit Spannendes her.

Eierdieb und Warnsirene
Der schöne, blaubefiederte Eichelhäher ist eine Bedrohung, was den Nachwuchs mancher Vogelart angeht. Er räubert gern Nester aus. Dabei schmecken ihm nicht nur die Eier, sondern auch die frischgeschlüpften kleinen Vögel. Dafür ist der Eichelhäher vielen Waldbewohnern nützlich, weil er mit lautem, rauem Gekreisch vor herannahender Gefahr warnt.

Unfreiwilliger Weingärtner
Der Eichelhäher ist ein Allesfresser. Ihm schmeckt eine ganze Menge: von Samen und Beeren über Würmer und Insekten bis hin zu Mäuse und Eidechsen. Auf den Winter hin sammelt er Vorräte von Haselnüssen, Bucheckern und Eicheln, die er in der Erde oder im Laub vergräbt. Man nennt das Hähersaat. Oft findet er sie nicht wieder, und im Frühjahr keimen neue junge Bäume! Für den Förster ist der Eichelhäher damit ein wichtiger Gehilfe.
Eichelhäher sind so genannte Teilzieher. Das bedeutet, dass im Winter ein Teil der Population unsere Wälder verlässt, um im westlichen und südlichen Europa zu überwintern. Der Rest der Population bleibt.

Sprachbegabt
Wie die meisten Rabenvögel kann der Eichelhäher gut Laute nachmachen. Zusätzlich zu seinem eigenen Rätschen und Quäken imitiert er gern andere Vögel und kann in Gefangenschaft sogar Worte nachsprechen lernen.

Eulenaugen, Eulenkrallen

Auffallend an dem 38 cm großen Waldkauz sind die großen, schwarzbraunen, kreisrunden Augen in dem plustrig dicken Kopf. Wie alle Eulenaugen sind sie starr. Um mehr als geradeaus sehen zu können, dreht der Kauz deshalb den Kopf – wenn es sein muss, bis auf den Rücken. Auffällig sind auch die langen dolchscharfen Krallen. Sie weisen den Waldkauz als einen gefährlichen Nachtjäger aus. Er lauert auf einem Ansitz, stürzt sich lautlos auf seine Beute und schlägt die Krallen in sie. Vor allem Mäuse, Frösche und kleine Vögel gehören zu seiner Nahrung. Damit sie ihn nicht kommen hören, ist sein Gefieder samtartig belegt und die Kante der ersten Handschwingen wie ausgefranst.

Lebenslang treu

Viele Waldkäuze behalten ihr Leben lang – und das kann 30 Jahre dauern – denselben Partner und dasselbe Revier. Das Weibchen brütet in Baumhöhlen, verlassenen Dachs- oder Fuchsbauen und Greifvögelhorsten. Während dieser Zeit wird es vom Männchen gefüttert. Vorsicht: Während der Aufzucht sind die Eltern aggressiv und greifen sogar Menschen an!

„Hassen"

Dieses Wort beschreibt, was kleine Vögel tun, wenn sie tagsüber einen Waldkauz schlafend in einer Astgabel finden. Sie umfliegen den gefürchteten Feind und schimpfen und zetern dabei laut. Meistens stört den Kauz das gar nicht, manchmal allerdings gibt er auf und fliegt fort.

Schreien wie ein Kauz

Waldkäuze haben unterschiedliche Ruflaute. Du kannst oft ein heulendes „Hu-huuu-huuh" hören, aber auch ein schrilles, lautes „Kjuwitt". Ein zorniger oder ängstlicher Kauz klappert laut mit seinem Schnabel. Das „Hu-huu" kannst du nachmachen: Leg die Hände ineinander, forme sie zur Kugel und schließ sie oben mit den beiden parallel gelegten Daumen. Lass einen schmalen Ritz zwischen den Daumen offen. Blas von der Daumenspitze her schräg und kräftig in das Loch, und schon klingst du wie ein Käuzchen!

Waldwörterl/ Fachbegriffe

Äsung: Waldlichtung, auf der Hirsche und Rehe ihre Nahrung finden

Bache: weibliches Wildschwein
Balz: Paarungsspiele, mit denen Tiere umeinander werben, vor allem Vögel
Bast: samtartige Haut über dem wachsenden Geweih von Rotwild
Borke: Außenhaut bei Bäumen und Sträuchern
Brunft: Paarungszeit von Hirschen, Rehen

Fähe: weiblicher Fuchs
Frischling: junges Wildschwein

Geschmeiß: flüssiger Vogelkot
Gestüber: fester Vogelkot
Gewölle: Päckchen aus unverdaulichen Nahrungsresten, herausgewürgt von Greifvögeln und Eulen

Harz: klebriges Ausscheidungsprodukt bei der Rindenverletzung von Bäumen
Hauer: Wühlzähne des Wildschweins
Heger: Helfer des Försters
Humus: bester Mutterboden

Keiler: männliches Wildschwein
Kitz: junges Reh
Kobel: rundes Eichhörnchennest mit Eingangsloch
Konifere: anderes Wort für Nadelbaum

Losung: Kot von Wildtieren und Hunden

Parasit: Schädling, der auf Kosten anderer Tiere lebt

Rauschzeit: Paarungszeit der Wildschweine
Ricke: weibliches Reh
Stubbe: Rest eines Baums, der nach dem Fällen stehen bleibt

Trittsiegel: einzelner scharfer Fußabdruck eines Wildtiers

Register

A
Ameisen 27, 73
Ameisenhaufen 27, 73
Assel 69
Auerhahn 38
Auerochse 39
Ausrüstung . . . . 6 bis 7
    Erste Hilfe 7
    Kleidung 6
    Waldforscher 7
    Zurechtfinden 6

B
Baldachinspinne 75
Baumfalke 87
Baumhummel 87
Baummarder 40, 46, 84
Beobachten, richtig . . . . . 14 bis 15
Bienen 32
Bienenwolf 87
Biosphärenreservat 21
Birkenblattroller 81
Birkenspanner 27
Birkenspinner 29
Blaumeise 55
Blindschleiche 74
Borkenkäfer 29
Buchenspinnerraupe 83
Buntspecht 85
Bürstenbinderraupe 82

D
Dachs 45, 77
Dachsburg 77

E
Eichelhäher 54, 90
Eichhörnchen 46
Erdkröte 31
Erdspecht 85

F
Fährte 42
Fasan 35, 55
Federn . . . . 54 bis 55
Feuersalamander 33
Fledermaus 89
Förster . . . . 36 bis 37
Fraßbild 68
Frösche 40
Fuchs 45, 78
Fußspuren . . . . 42 bis 43
Füttern im Winter 25

G
Gallen 62
Geläufe 42
Gelbspötter 86
Gemeiner Totengräber 20
Geschmeiß 43
Gestüber 43
Geweih 75
Gewölle 43
Gift . . . . 32 bis 33
Gimpel 86
Grauspecht 85
Grille 41
Grünspecht 85

H
Habicht 87
Hackspecht 85
Himmelsrichtungen . . . . . 12 bis 13
Hirschkäfer 30
Hornissen 32, 87

I
Igel 24, 46
Insekten 87

J
Jahreszeiten . . . . 22 bis 23

K
Kaninchen 45
Karte 12
    Kartenarbeit 12
    Sonderzeichen 13
Kiefernschwärmerraupe 83
Kleiber 81
Kleiner Eisvogel, Raupe 83
Kleiner Fuchs 22
Knotenameise 73
Kompass 13
Krabbenspinne 19, 26
Kreuzotter 33, 74
Kuckuck 24, 28
Kürbisspinne 81

L
Lagerfeuer 53
Laubfrosch 26, 75
Lebenszeichen . . . . 47 bis 49
Losung . . . . 42 bis 43
Luchs 21, 31

M
Marder 84
Marderhund 35
Maskierung 27
Mäuse 46, 76
    Gelbhalsmaus 76
    Rötelmaus 76
    Waldmaus 76

Milben 68
Mimikry 17
Mufflon 34

N
Nacht . . . . 40 bis 41
    Nachtexperimente 41
    Nachtwanderung 41
Nachtigall 41
Nagelfleckraupe 83
Nationalpark 21
Naturschutzgebiet 21

Ö
Ökosystem Wald . . . . 18 bis 21

P
Pappelblattkäfer 22
Prozessionsspinnerraupe 32
Puppenräuber, großer 80

R
Raubvögel 87
Raufußkauz 87
Raupen . . . . 82 bis 83
Regenwurm . . . . 70 bis 71
Reh 44
Riesenholzwespe 81
Ringelnatter 74
Ringeltaube 54
Rothirsch 44
Rotwild 38

S
Schillerfalter 31, 87
Schmarotzer
und Schädlinge . . . . 28 bis 29
    Brutschmarotzer 28

Gallen	28
Schnecken	68, 72
Baum-Schließmundschnecke	72
Hainbänderschnecken	72
Wegschnecke, rote	72
Weißmund-Bänderschnecke	72
Schneehase	23
Schwarzspecht	85
Seidenschwanz	23
Siebenschläfer	83
Sikahirsch	35
Singvögel	86
Spannerraupe	26
Specht	85
Sperber	31
Spielen und basteln	10 bis 11, 50 bis 65
Basteln zu Hause	60 bis 61
Essen, was die Tiere essen	58 bis 59
Mein persönliches Tierebuch	64 bis 65
Spielen in der Natur	56 bis 57
Spielen zu Hause	63
Springschwanz	68, 71
Steinläufer	33
Steinmarder	84

T

Tageszeit	8
Tannenmeise	86
Tarnung	26 bis 27
Tausendfüßer	69
Tiere	
auf dem Boden	74 bis 79
gefährdete	30 bis 31
im und am Boden	68 bis 73
in Busch und Baum	80 bis 85
in der Luft	86 bis 91
„neue"	34 bis 35
Trittsiegel	42, 44 bis 46
Trittspur	42
Turteltaube	86

U

Uhu	31

W

Waldkauz	55, 91
Waldohreule	40, 87
Waldschnepfe	26
Waschbär	34
Wegzeichen	13
Wespen	32
Wetter	8 bis 9
Gewitter	9
Regen	9
Tierische Wettervorhersage	9
Wildgehege/Lehrpfade	38 bis 39
Wildkatze	31, 45
Wildschwein	38, 44, 79
Wildyak	39
Winterfütterung	36
Winterruhe	25
Winterschlaf	24
Winterstarre	25
Wisent	39
Wolfsspinne	69

Z

Zauneidechse	75
Zecken	33
Zitronenfalter	88
Zweiflüglerlarven	68

Fotonachweis
Alle Aufnahmen: Silvestris GmbH, Kastl/Oberbayern

Illustrationen:
Innenteil: Stefan Ohmstede, Hannover: Seite 2/3, 5, 6/7, 8/9, 10/11, 12/13, 14/15, 17, 18, 36, 41, 51, 52/53, 56/57, 60/61, 63, 64, 91; Traudl Schneehagen, Leipzig: Seite 3, 44 bis 46, 49, 54, 67, 68, 70/71, 72, 79, 80/81, 88, 92

Einband: Abbildungen aus dem Innenteil

In neuer Rechtschreibung

© 2002 by Ensslin im Arena Verlag GmbH, Würzburg
Ensslin Anschrift: Harretstraße 6, 72800 Eningen

Produktion
Hampp Media GmbH, Stuttgart

Layout und Herstellung
Petra Hille, Hampp Media GmbH, Stuttgart

Redaktion
Claudia Hentschke, Marion Krause und Melanie Schölzke, Hampp Media GmbH, Stuttgart

Repro
Bild und Text Baun, Fellbach

Satz
dtp-studio Eckhardt, Neuhausen

Druck und Bindung
Neue Stalling, Oldenburg

Printed in Germany

ISBN 3-401-41512-3